知的障害 特別支援 学校

子ども主体の授業づくり ガイドブック

佐藤愼二 著

東洋館出版社

はじめに

　本書は知的障害のある子どもたちの自立的・主体的な姿の実現を目指す学校生活・授業づくりのためのガイドブックです。実社会・実生活で汎用性のある生きる力をどう育むのか —— 知的障害特別支援学校における教育実践のあり方を実際的・具体的に検討します。

☆今日から何をするのか？
→「知的障害特別支援学校で何を大切に」「なぜ」「何のために」「何を」「どのようにするのか」をすぐに使えるように実践的に解説します。
→知的障害という困難を抱える子どもたちの授業づくりのヒントを具体的に提案します。

☆小学部の学校生活・授業づくりの中心は？
→小学部の教育課程の中心として「遊びの指導」「生活単元学習」を位置づける実践モデルを提案します。
→遊びを中心とした生活単元学習を核とする学校生活・授業づくりについて、「どう考えて」「何をするのか」を具体的に徹底検討します。

☆中学部・高等部の学校生活・授業づくりの中心は？
→中学部・高等部の教育課程の中心として「作業学習」を位置づける実践モデルを提案します。
→作業学習を核とする学校生活・授業づくりについて、「どう考えて」「何をするのか」を具体的に徹底検討します。

　若い先生方、新任の先生方には、まず、本書の授業づくりの提案を一つでも二つでも実践してほしいと願っています。子どもたちのより生き生きとし

た姿が、必ず見られるはずです。その手応えを受け止めながら、本書で解説する知的障害教育の特色への理解を深めてください。

　そして、中堅・ベテランの先生方にとっては、日頃の学校生活・授業づくりの再確認、あるいはそれらを問い直すきっかけにしてください。逆に、本書の提案を批判的に検討しさらなる実践の地平を切り開いてください。本書はその意味では正に、「今日から」活用できる実践の書です。

　なお、本書は2013年に発刊した『特別支援学校・特別支援学級 担任ガイドブック－知的障害教育100の実践ポイント－』（東洋館出版社）の全面改訂版です。2017年告示の特別支援学校学習指導要領も踏まえて内容をリニューアルしました。子どもの自立的・主体的な姿の実現を目指す知的障害教育の理論的な背景とその特色について検討し、「各教科等を合わせた指導」を中心とする学校生活・授業づくりの重要性とその具体的な方法について徹底して検討する構成になっています。

　本書を通して、読者の皆様とともに知的障害特別支援学校の教育実践のあり方について具体的に深めていきたいと思います。

佐藤愼二

目　次

第 I 章

自立と社会参加を目指す教育のために！

1　知的能力と社会生活能力は一致しない！ ················· 1

2　力を付ける教育から力を使いたくなる教育への転換 ······· 3

3　生活上の目標の重要性 ································· 6

4　手続き的（操作的）記憶の世界　─動作で覚える記憶─ ····· 8

5　自立への近道 ······································· 11

6　働くことの本質　─金銭価値の理解との関係は？─ ········· 14

7　卒業してからこそ学ぶことも多い！ ··················· 18

8　力を使いながら・力を高めるという発想 ··············· 20

9　自分から「する生活」の重み　─指示の多い生活のストレス ·· 22

10　環境要因＝支援が子どもを変える！ ·················· 23

　　column：向かい合わせの鏡 ························· 24

第 II 章

自立と支援
─知的障害教育の目的を考える─

1　知的障害特別支援学校は病院ではない！ ··············· 26

2　知的障害教育の自由度の高さ ························· 29

3 何を目的にするのか? ———————————————————— 31

4 学校生活の充実 —「今を豊かに!」にする教育— ———————— 33

5 教育目標「自立」とそのための「支援」を考える ——————— 36

第 **III** 章

知的障害教育における学校生活・授業づくりの特色

1 「なぜ」「何のために」「何を学ぶのか」という学習の意義 ——— 41

2 知的障害という「困難性」に寄り添う教育の姿 ———— 44

3 知的障害教育の授業づくりの特色 ———————————— 47

　　column：ようこそ!　ディズニーランドへ! ——————— 53

第 **IV** 章

知的障害教育における学校生活・授業づくりの観点

1 子どもを変える発想ではなく、支援を変える発想へ ———— 56

2 学校観・授業観の転換を!　—「生活化」「単元化」「個別化」という発想— ——— 61

3 「個別化」の徹底 —————————————————— 64

4 学校生活・授業づくりの具体化 ———————————— 66

　　column：「型無し」「型通り」「型破り」 ————————— 70

第 **V** 章

徹底検討　小学部
「(遊びを中心とした) 生活単元学習」の
授業づくり

1	小学部の学校生活づくり	72
2	遊びの指導の意義とその要件　―楽しい遊び場のために！―	76
3	子どもの思い・興味関心から！　―自分が子どもだったら！―	81
4	どんな遊び？　どんな遊具・用具？　―行列のできる遊具作り！―	82
	column：順番を待つ練習？	86
5	よりよいテーマを検討する！	87
6	単元目標（願い）の検討	91
7	単元活動の設定と日程計画・時間割の検討	92
8	教師の役割・支援　―プレイング・サポーターとして―	95
9	遊び場づくりへのチャレンジ	97
10	生活単元学習の評価はどうすればいいのか？	97

第 **VI** 章

徹底検討　中学部・高等部
「作業学習」の授業づくり

〈検討Ⅰ－作業学習の「生活化」〉		101
1	中学生・高校生らしさを支える作業学習	101

2 本物の作業学習の要件 ──────────── 104

column：「ほう・れん・そう」が大切⁉ ────── 105

〈検討Ⅱ－徹底して「単元化」する！〉 ────── 106

1 年間計画・単元のテーマを考える ────── 106

2 単元目標（願い）の検討 ─────────── 109

3 単元活動の設定 ─────────────── 111

4 単元の日程計画 ─────────────── 112

5 製品・生産物の質と量 ───────────── 113

column：製品ではなく、働く過程にこだわるべきだ⁉ ── 114

6 一こまの授業の流れ ─────────── 115

〈検討Ⅲ－徹底して「個別化」する！〉 ────── 116

1 作業種・作業班所属の検討 ───────── 116

2 製品・生産物の作り方 ───────────── 117

3 生徒の担当工程と内容 ───────────── 118

4 道具・補助具の工夫・改善 ───────── 119

column：娘にとっての甲子園！ ─────── 122

5 作業量の確保 ──────────────── 122

6 場の設定・作業環境 ───────────── 123

7 教師からの直接の支援　―プレイングサポーターとして― ── 124

8 本気で本物の作業学習のために！ ────── 125

column：親は一生　教師は一時　教師の一時は子どもの一時 ── 126

自立と社会参加を目指す教育のために！

1　知的能力と社会生活能力は一致しない！

⑴　知的障害のある娘に学ぶ

　我が家には 31 歳になる知的障害のある娘がいます。自閉的な傾向もとても強い娘です。特別支援学校（当時は養護学校）小学部に入学し、途中、3 年間だけ特別支援学級（当時の特殊学級）に在籍し、中学部・高等部は特別支援学校で過ごしました。

　いわゆる心理検査は測定不能で療育手帳 A － 1 です。心理士さんからは「単純な精神年齢だけで言えば 2 歳か 3 歳前ぐらい」と言われています。「1 ＋ 1」の意味も全く分かりません。色々と手のかかる場面は、未だにたくさんあります。しかし、特例子会社等ではない一般のクリーニング業と農業に、最低賃金をもらいながら、11 年間従事しました。現在は就労移行支援事業所に通い始めて 2 年になります。

　娘が高等部卒業後、就職してから「妻は娘の自力通勤のために 11 ヶ月間を費やし、その後も雨風の強い日には隠れて様子を見に行っていた」とお伝えすれば、娘の障害の状態は読者のみなさんにも想像がつくかと思います。

　さて、幼稚園入園前の 2 ～ 3 歳の子どもが公共交通機関で通勤して、一日働けるでしょうか？　いずれも肉体労働でしたから体力的にはもちろん、仕事内容的にも無理でしょう。では、なぜ、私の娘には可能になったのでしょうか？　娘の成長の姿には、知的障害教育のエッセンスとでもいうべき象徴的な内容が含まれています。第Ⅰ章では、娘の成長を振り返りながら、知的障害教育のポイントを考えてみたいと思います。

⑵　知的能力と社会生活能力

　私の娘は、知的障害教育における極めて本質的なことを証明してくれました。つまり、知的能力だけでは推し量れない社会生活能力が存在するということです。娘は特別支援学校での生活を通して —— 知的能力は残念ながら伸びないまでも ——（2017年学習指導要領の言葉を使用すれば）実社会・実生活で汎用性のある「生きて働く知識・技能」を育み・高めたと言えます。

　もちろん、娘一人の事例で全てを語ることは到底できません。しかし、本書で以降に検討していくことも含めて次のことが言えそうです。

　知的障害による困難性が高く、支援を要する子どもにとっては、
○知的能力そのものを高めることはかなりの困難を伴うだろう。
○社会生活能力が高まる可能性は決して小さくなく、むしろ、大きいかもしれない。
○後者に力点を置いて支援する方が子ども本人も取り組みやすく、教師も支援しやすいだろう。
○結果として、自立と社会参加に結び付きやすいだろう。
○卒業してからも学び・身に付けることがたくさんあるだろう。

　そして、娘の企業就労の事実は、知的障害教育のあるべき姿と方向性を指し示しています。それは、特別支援学校学習指導要領とその解説（知的障害特別支援学校部分）に示される方向性（※以下、学習指導要領およびその解説に関してはすべて2017年告示版とする）です。すなわち、**自立と社会参加を目指し、生活を中心とする教育の姿**です。

⑶　特別支援学校小学部・就学前支援の先生方へ

　特に、特別支援学校小学部の先生方（そして、就学前の支援にかかわる先生方）には強くお伝えしたいのですが、「この子には企業就労は無理！」という決めつけからスタートする教育をしないでください。娘が幼少期・小学

部当時、親として、（当時の私は知的障害特別支援学校（養護学校）に勤務していた）教師として客観的に見ても、娘が企業就労するとは夢にも思いませんでした。当時の小学部担任の先生方も想像すらできなかったでしょう。

しかし、自分の子どもや学校教育に期待しない親を、娘は見事に見返してくれました。もちろん、先生方に「企業就労を目指してスパルタ教育をしてください」というお願いではありません。知的障害特別支援学校ならではの教育実践の積み上げが、必然的にその可能性を高めるということなのです。

本書は、企業就労も含む**自立と社会参加を目指す知的障害特別支援学校の学校生活・授業づくりのためのガイドブック**です。

2 力を付ける教育から力を使いたくなる教育への転換

⑴ 「力を付けよう」とする教育の無力さ

①力は本当に「付いている」のか？

学習指導要領で「育成を目指す資質・能力」が掲げられて以降、「つけたい力」「身に付けさせたい力」というキーワードで、教師主導の「何かを教えようとする」教育観が前面に出ているような気がしてなりません。もちろん、「教える」ことを否定するつもりはありませんし、「教える」ことは、教育の世界では教師の極めて常識的な行為と理解されています。

では、教えることで子どもが学んだかどうかは一体何をもって評価するのでしょうか？　生きる力に結び付いたかどうかを知的障害教育の世界ではどう評価するのでしょうか？　読者に伺いますが、サイン、コサイン、微分、積分……一体いくつ使いこなせるでしょうか？　多くの場合は —— 筆者も含めて —— お手上げになります……。おそらく、当時の数学担当の先生は熱心に教えていたはずでし、私たちもそれなりに学んでいたはずです。にもかかわらず、今、それを使えません。なぜでしょう？　答えは簡単です。その力を日常的に使わないからです。学習指導要領が目指す実社会・実生活で汎用性のある資質・能力は、この問いに対する一つの答えに他なりません。

つまり、

> 力というものは、学校生活を含む生活の中で、その力を繰り返し使うから身に付く。

　力を付けようとする教育・教えようとする教育の無力さを私たちは身をもって知っているのです。にもかかわらず、私たち教師は「力を付けよう」「教えよう」とします。知的障害という困難性を抱える子どもを前に、「力を付ける」という発想で責任ある実践が果たして可能になるのでしょうか。

　あえて、「責任」と強い言葉を使いましたが、「力を付ける」ことを最優先にするならば、その力が今現在だけでなく、将来にわたって「使われている」ことをしっかり見極める必要があります。さらには、「力を使いたくなる学校生活になっているかどうか」をしっかりと見直す必要があります。

②「教科別の指導」を強調する前に

　「つけたい力」「身に付けさせたい力」との関連で、「教科別の指導」が強調される傾向もあるようです。「教科別の指導」を積極的に進めたいと考える先生方にお願いがあります。小学校での教員経験のない先生方には、ぜひ、通常の小学校低学年期の国語や算数のスペシャリストが展開する授業参観を多く取り入れる研修計画を立案していただきたいと思います。

　現在、通常の教育ともかかわることが多い筆者が知りうる限り、小学校低学年期の国語や算数は、特別支援学校でのその指導よりも「特別」支援の工夫が盛り込まれ、「生活」のエッセンスを十分に含んでいます。「生活の中で実際に使える力」を意識しています。その努力と工夫はおそらく私たち特別支援学校の教員以上ではないかと筆者は実感しています。つまり、知的障害のない子どもたちであっても、**「生活」を意識し、「生活」に根ざした教育をしないと、実社会・実生活で汎用性のある力にはなりにくいことを、通常の学級の先生方はすでに実感している**のです。

　ならば、なおのこと、知的障害教育で「力を付ける」ことを望むならば、

その力を本音で使いたくなる「学校生活」そのものに目を向ける必要があるのです。

　そこで、ちょっと見方を転換してみましょう。まず、私たちが子どもの頃を振り返って、「力を繰り返し使いたくなる教育活動が何であったか？」を思い返してみてください。

⑵　力を使いたくなる教育の象徴　―部活動―

　おそらく最も効果のある教育活動 ―― それは「部活動」です。これは紛れもない事実です。部活動ほど力が身に付く教育活動を筆者は知りません。子どもたちは、「分かりたい・やりたい・楽しみな活動」では、自分から自分で、今、持っている力をめいっぱい発揮しながら、その力を**本気で繰り返し使います。その結果として、力は確実に高まり・広まり・深まり、身に付きます。**それほど、「部活動から学んだことは大きい」と実感される方は多いはずです。学びの本質がここにあるのです。**本気で本物の「生活の教育力」にもっと目を向けるべき**です。部活動の特徴をまとめます。

> ○本音で好きな活動・本気でやりたい活動・必死になれる生活であること
> ○高校野球の「甲子園」に象徴されるように、明確な目標・必死になれる目標があること

⑶　本音で楽しく・やりがいある活動を！

　子どもたちの授業参加の様子そのものが実践の良し悪しのバロメーターです。つまらない活動を用意すれば、子どもは見向きもしないでしょう。子どもが見向きもしない活動では、持てる力を使って、その力を高めることはないでしょう。本音で「楽しく・やりがいある活動」が求められます。では、どうすれば、部活動のように、子どもの「必死さ」「意欲」をかきたてることができるのでしょうか？　その答えは意外に単純明快です。子どもの興味・関心を ―― 理屈抜きに ―― 強く引き付け、期待感を高め、やってみた

ら「楽しい活動！やりがいある活動！」を用意することに尽きます。

> ○自分から自分でやりたくなる期待感あふれる目的が明確な活動
> ○自分でやりとげることのできる活動
> ○やってみたら楽しく・やりがいある活動
> ○もう一度やってみたい活動
> 　→結果として、自立と社会参加に結び付く活動

　幸い、知的障害特別支援学校は「自由度の高い実践」が教育課程上で許されています。つまり、私たち自身が身をもって実感している効果的な教育活動＝部活動のような思い切ったことができるのです。子どもたちが目の色を変えて自分から自分で、本音で本気で取り組む教育活動の創造にこそ、心血を注ぎたいと思うのです。

3　生活上の目標の重要性

(1)　娘にとっての甲子園

　娘はチラシ・パンフレット類への強いこだわりをもっています。実は、31歳になった今でも特別支援学校中学部・高等部時代の「学校祭」や「作業製品販売会」のカラー刷りのチラシを持っています。これは見方を変えれば、「世界が狭い……」という少しさみしい話です……。やはり、今現在でも、障害のある子どもたちの世界は ―― 自由に街を飛び回ることはできませんし、様々な制約がありますから ―― 決して広くないと思うのです。

　だからこそ、逆に、私たち教師はこの子どもたちにキラキラ輝くような学校時代を用意する責任を負うのです。娘にとって「学校祭」や「作業製品販売会」は、高校野球で言えば、正に、「甲子園」にも匹敵するような大目標だったと思うのです。

⑵　知的障害が「重い」子どもには理解できない！？

　娘は学校祭や販売会で「売上金が何十万円になる！」という内容の話題は理解はできませんでした。しかし、それに向けて盛り上がっていく雰囲気や、やりきったときの喜びは確かに感じ取っていました。それは親としても家庭の中で十分に実感できることでした。当日は片言で「いらっしゃいませ」「ありがとうございました」の呼び込みとお礼の言葉を言うことぐらいしかできない娘でしたが、「学校祭」や「販売会」等が大きな生活の目当て・はりになっていたことだけは確かです。当時のチラシは青春の宝物のようなものかもしれません。

　時として、「（障害の重い）あの子には単元目標・テーマを理解できない」という頭ごなしの決めつけを耳にします。大変失礼な話です。**目標に向けて高まる日々の生活の勢いや雰囲気を、友達や教師と共にする中で感じ取ることがどの子どもにもある**のです。教師が腕を組んで見ているだけではなく、教師も本気で取り組むから子どもに伝わるのです。「どうせ理解できないから……」という理由で、娘が販売会から排除されていたとしたら親としてはゾッとします。多分に情緒的な言い方のように聞こえるかもしれませんが、これは人権問題です。どの子どもにも参加する権利があります。そのための手立てを尽くす —— これを「合理的配慮」というのです。

　友達だけでなく教師も一緒になって ——「教師も共に」という本気の感覚は確実に子どもににじむように伝わります！　　—— やりとげようとする「学校祭」や「作業製品販売会」は正に、「甲子園」のような生活上の大目標でした。

⑶　主体的・対話的で深い学び！？

　「主体的・対話的で深い学び」「アクティブ・ラーニング」という言葉が注目を集めています。本書のキーワードの一つは「主体性」ですので、以降も深めていきたいと思うのですが、「主体性」とはそもそも何であって、それは教えて育つのでしょうか？　本気になれる本音で打ち込める生活目標があるかないかがその分かれ目ではないでしょうか。つまらない活動では「主体

的」になりようがありません。

　そして、本気になる目標と内容があるから「対話的」になるのです。それは「話し言葉」に限りません。真剣に活動や製作物に「向き合う」姿も本物の「対話」です。成し遂げたい目標と内容があるから、より「深く」活動するのです。楽しさややりがいを感じるからこそ、自分の持てる力を精一杯発揮しようとして「深く」なるのです。本気になれない「つまらない」目標・内容では「主体的」になれず、「対話的」な力を使うことはなく、もちろん「深く」なることはないでしょう。

　娘の学校時代の成長の鍵の一つはこのような生活上の目標の確かさと内容の濃さにあったことをまず確認しておきたいと思います。

4　手続き的（操作的）記憶の世界　―動作で覚える記憶―

⑴　手続き的（操作的）記憶とは？

　知的障害のある娘が企業就労に結び付く社会生活能力を高めた理由を「記憶方略」という別な角度から考えてみます。私は講演会で次のような問いかけを参加者にします。

　「靴ヒモを結ぶ動作」を言葉で説明するとしたら、どんな表現になりますか？

　答えは明らかで、微細な手先の動きまでを含めての説明はできないのです。仮に、身振り手振りを付けて説明できたとしても、異様に込み入った訳の分からない文になるはずです。そして、おそらく確実に、「言葉の説明」だけでは、靴ヒモは結べません。

　しかし —— 言葉では説明できないにもかかわらず —— 私たちは日常的に靴ヒモを結んでいます。なぜできるのでしょう？　似たようなことは他にもたくさんあります。食事、着替え、排泄、体育的な動作、働く際の作業的な

動作……。日常生活や社会生活にかかわる動作の多くは言葉では説明できないのです。しかし、私たちは食べたり、着替えたりできています！　なぜでしょう？　答えは簡単です。

　私たちはそれらの動作を、**言葉に頼ることなく記憶**しているのです。

> ○手続き的（操作的）な記憶 —— 日常生活や社会生活上の具体的な動作・行動にかかわる記憶
> ○意味的（概念的）な記憶 —— 言葉や抽象的な思考を伴う記憶。例：1 + 1 = 2

　娘は「1 + 1 = 2」を理解するような抽象的な思考・言葉の世界＝意味的な記憶世界では大変苦戦をしました。残念ながら、現在でも同様です。娘が、言葉だけで何かをイメージする力は、心理検査の結果が示すとおり、確かに2～3歳の子どもにも及ばないかもしれません。しかし、娘は、2～3歳の子どもが決して及ばない、働いて生活する力を身に付けたのです。生活動作や作業動作、身のこなし方とでも言うべき —— 身体や手の動きを通して考え・工夫する力＝手続き的な記憶世界の力を高めることができたのです。

⑵　手続き的記憶と自立的な生活

　読者のみなさんが朝起きてから、本書を手にするまでの一連の流れや動作を順番に振り返ってみてください……起床後にトイレに行く、顔を洗う、朝食の支度をする、着替える……出勤する、授業時間中は当然のことながら、意味的な記憶を駆使することが多いはずですが、それでも、様々な授業準備や片付けをはじめとして手続き的記憶が優位に働いている時間はかなりあるはずです。実は「**自立的な生活**」の大部分は**手続き的記憶で構成されている**ことが分かります。

　そして、もう一つ、手続き的記憶には大きな特徴があるのです。それは「忘れにくい」ということです。例えば、読者の中には「自転車には何年も

乗っていない……」という方もいるはずです。しかし、今、目の前に自転車を用意されて「乗ってください」と言われれば、さっそうと乗りこなすはずです。**手続き的記憶は、一度、動きとして身に付けるとかなりの長期間記憶される**のです。

⑶ 「自分から」身体や手を動かしたくなる活動の重視

①遊びの指導と作業学習

　誤解が生じないように、もう少し補足します。娘はある特定の企業で求められる作業スキルを身に付けるために、それを想定して学校で訓練活動を繰り返していたわけでは決してありません。

　小学生の頃は遊びをたくさんしました。例えば、フィールドアスレチックをイメージしてみてください。楽しい遊びがあると子どもはそのために身体をどう動かしたらうまくいくのか、手をどう動かしたら目的を達成できるのか――「**自分から**」頭脳をフル回転させ、「**自分から**」身のこなしを工夫します。

　中・高等部時代の娘は、連日、作業学習に取り組みました。やりがいのある働く活動も遊び同様で、実現したい目標の達成のために、「**自分から**」身体や手を動かし、工夫し、結果として、働くことに必要な力を身に付けたのです（※遊びの指導と作業学習については後ほど解説します）。

> 　「させられる」努力ではなく、「自分から」「する」努力だからこそ力になる。

②「自分から」取り組むからこそ力になる！

　それらの積み重ねの中で、様々な日常生活・社会生活・職業生活に適応できる手続き的な記憶世界を押し広げたと言えるでしょう。

　再確認しますが、つまらない活動を用意すれば、子どもの取り組む意欲は高まりません。使わない力は身に付きません。「**これをやってみたい！**」と思える活動をどう用意するか？　これこそが、知的障害教育の一番の要で

す。

　もちろん、一般企業で働くためには様々な力が要求されるでしょう（これも、後ほど検討します）。しかし、体力を基盤にした基本作業動作＝手続き的記憶世界の力こそが娘にとっての企業就労の原動力となったことだけは確かです。

5　自立への近道

⑴　社会生活に般化しやすい手続き的な記憶

　例えば、娘は小学校 6 年生の頃、1 ＋ 1 ＝ 2 を機械的に理解することはできるようになりました。しかし、生活の中で使えるようにはなりませんでした。仮に、みかん 1 つとみかん 1 つで合わせてみかん 2 つと言えたとしても、りんごになると分かりませんでした。切ない話です……。

　「般化」という言葉を仮に使うならば、知的障害のある子どもはこれをとても苦手にしています。「実社会・実生活への般化」を目指す場合、知的障害のある子どもにとっては、意味的な記憶世界での「力」を将来の生活に般化させるにはかなりの困難を伴うでしょう。今現在の学校・家庭・地域生活や卒業後の生活の中で、確実に使える力になることに責任を負える自信がない限り、なすべき支援ではないだろうと筆者は思います。

　では、手続き的な記憶世界での支援ならばどうでしょう。例えば、着替えや食事、遊び、働く活動等の動作は社会生活を生き抜く力そのものです。それらはいずれも動作そのものを通してやりとりしますので、子ども本人も分かりやすく、支援する側も伝えやすくなります。つまり、手続き的な記憶世界の取り組みは、知的障害のある子どもにとっては、どちらかと言えば、得意分野です。そして、その取り組みやすさは格段に高まるでしょう。

　学習指導要領とその解説において「生活に結び付いた」「実際的な状況下」「実際的・具体的な」活動等が強調される理由は正にここにあるのです。

⑵ 生活で使えず・自立に結び付かない力？

　時計のドリルプリントで時計の針を確認して「何時何分を記入する」、あるいは、「10 時 15 分」と書かれていて「時計の針を記入する」という授業風景を散見します。もちろん、「生活に結び付いた」手立てが講じられていればいいのですが、単純に繰り返される場合があります。

　例えば、「7 時 30 分の電車に乗ります。駅まで 15 分かかります。何時何分に家を出ますか？」という問いに対して、「7 時 15 分」という答えは算数的に正解です。しかし、実際の生活の中で、7 時 15 分に家を出る読者はいないはずです。「時計の針が読める」事実と、「生活の中で時計を活用できる」事実は一致しないことも多いのです。お金の単位が分かることと、実際の買物でお金を使えるのは全く別問題であることも同じです。自立を目標に**「生活に結び付いた」「実際的な状況下」「実際的・具体的な」**活動は知的障害教育の鉄則なのです。

⑶ 知的障害の特性に応じる支援とは？

　好きな言葉ではありませんが、「障害特性」なる言葉が多用される時代になりました。「自閉症の障害特性は視覚優位だから視覚的な手がかりが大切」……のような使われ方をします。では、知的障害の障害特性は何でしょうか？　「動作優位」のような表現になるでしょうか。

　おそらく、野球の上達のためには —— もちろん理論学習や様々な筋トレも必要でしょうが —— 野球を繰り返すことが一番の近道でしょう。先ほど、手続き的記憶の特色の一つは「忘れにくい」ことにあると書きましたが、もう一つ大きな指導法上の特色があります。

> 　手続き的記憶の最も大きな特色は、その力を使うことを繰り返しながら、その力を高める点にある

　子どもが食事を一人でこぼさずに食べる力が付くまで、食事を与えないでしょうか？　着替えが一人でできる力が付くまで、着替えをしないでしょう

か？　そんなことをしたら、人権問題になります。もちろん、支援上の様々な工夫はするものの、食事をすることを繰り返す中で、食事の力を付けていくのです。着替えをすることを繰り返す中で、着替えの力を高めていくのです。

　手続き的記憶の世界では、力を付けてからその力を使うという発想は極めて弱いのです。その力を使いながら、その力を高めていくという大きな特色があるのです。

　自立と社会参加という大目標に即して言うならば、働く力・生活する力を繰り返し使うことを通して、働いて生活する力を高めていくのです。

⑷　**大人になってから働くのではない！　働きながら大人になる！**
　　―係活動・手伝い活動の重要性―
①手続き的記憶は般化しやすい！

　娘は小さい頃から手伝い活動に取り組みました。４歳の頃、落としても割れないコップを流し台にポットンと入れるところからです。水が大好きでしたので、小学部中学年期から流し台の洗い物のすすぎを続けました。流し台周りがビショビショになるのを覚悟の上で続けた妻の苦労も大きかったと思いますが……。中学生になる頃には、洗剤で洗ってすすぐこともできるようになりました。

　また、小学部時代からタオルをたたむ手伝いも繰り返しました。現在は我が家の洗濯物全てを娘がたたんでくれます。小さなことの積み重ねを繰り返し繰り返すことで現在にいたっています。

　娘の姿を通して、少なくとも次のことは言えそうです。

○意味的な記憶の般化（１＋１＝２を生活の中で使うようなこと）に困
　難が伴うとしても、
○手続き的な記憶＝動作の般化（「タオルたたみ→洋服たたみ」や「す
　すぎ→洗ってすすぐ」等）は比較的容易ではないだろうか。

---

②学校での係活動・遊びや作業活動 ── 動きの般化 ──

　確認しますが、「作業学習を通して、手先の力を付ける・コミュニケーションの力を付ける」という発想が大切だと言っているのではありません（後ほど検討します）。一生懸命働きたくなる状況を設定し、子どもが自分から進んで意欲的に働くことそのものが大切なのです。繰り返し力を使いたくなる状況をいかにつくるかにポイントがあるのです。手続き的記憶世界の力を繰り返し使うことで、その般化をねらいたいのです。ですから、学校での係活動や清掃等は、将来の働く生活で想定される「役割を果たす活動」という側面と同時に、結果として、動きの般化をねらっているともいえそうです。

6　働くことの本質　―金銭価値の理解との関係は？―

　さて、以上はあくまでも、手続き的記憶という側面で自立的な生活や働くことを考えてきたのですが、社会に出て働くためにはさらに大切なことがあります。

　先ほども触れたように、学校では、「駅コンコースで販売会をやろう」等の働く目標を設定しやすいのです。しかし、民間会社は、娘のように知的障害の状態の重い子どもが理解できるような、目標設定はできません。さらに、私たちには、給料をもらうというリアルで強い動機付けがあります。しかし、娘はお金の価値を理解できていません。……父である筆者は「なぜ、娘は働き続けているのだろう……」と、とても不思議に思っていました。

　このように考えると、娘が11年間も民間企業で働いていた事実の背景には、働くことや人間が生きることの本質にかかわる重要な何かが隠されていそうです。

⑴　働く心地良さを体感する！

　理由の一つは、働く心地良さを学校時代にたくさん体感していた点にあると思います。娘は病院の大部屋を仕切る大きなカーテンを二人組でたたむ仕

事や農作業、現在は手先を使う仕事に従事しています。私たちも身体や手先を使った仕事をめいっぱい続けた後、フっと一息すると何か心地良さを感じます。人間は本来 ―― 適度な運動が心身をリラックスさせるように ―― 身体や手を使って働く活動に喜びを感じるのだと思うのです。

　娘は中学部時代から、毎日毎日、午前中の約２時間は規則的に働く生活を積み重ねてきました。身体や手を使って作業学習に取り組む生活を繰り返してきました。今現在、学校でいい姿で働けないとしたら、卒業してすぐに４月からいい姿で働けるとは思えません。**学校生活でのいい働く姿が卒業後のいい働く姿に自然につながるようにする必要があります。**

> 学校時代から身体や手を使って働く心地良さを体感している！
> 学校時代の働く生活が卒業後に自然に移行する＝これが移行支援の本質

　これは、働いた結果としてのお金の価値が理解できないにもかかわらず働き続ける大きな大きな理由の一つだと考えています。

⑵　民間企業で働く感覚を体感する！　－現場実習の重要性－

　娘が最初に勤務した企業は学校時代の産業現場等における実習で出会った７社目にあたります。中学部１年次から民間企業での実習にチャレンジしてきました。先に触れたように作業学習を通して働くことの心地良さを実感しつつ、企業で一日働く感覚を現場実習（それぞれ１週間～２週間）を通して体感していたからに違いありません。

　「移行支援」という言葉があります。個別の教育支援計画が求められる時代になり、「移行支援会議」が各特別支援学校で行われていると思います。これはとてもいいことです。しかし、支援者中心の視点から脱却できているかと言えばそうではないでしょう。**移行の中心は紛れもなく本人です。**では、そのために何をするのか？　卒業後の社会で実際に働く経験をする現場実習の充実がその柱の一つです。これこそが、無理のない自然な移行の鍵でしょう。移行先の生活の様子を本人が体感していなければ、本人は大変大き

な不安を抱えたまま卒業することになります。

(3) 「当てにされる心地良さ」を体感する！

　金銭の価値を理解できないにもかかわらず、企業で11年間も働けた最も大きな理由は、「当てにされる心地良さを体感していた」からだと思います。

①「いてくれてありがとう！」

　読者が出張等の理由で学校に出勤できなかったとします。翌日出勤した際に、同僚から「先生がいなくて困ったよ、○○さんがさみしそうにしていたよ、今日は来てくれて助かるよ！　ありがとう！」と言われるとするならば、おそらく、それは一番のほめ言葉ですよね！

　「いてもいてなくてもいい！」ではなく「いないと困る」「いてくれて助かる！　ありがとう！」── 当てにされる心地良さ・役に立っている感覚 ── これは私たち人間の存在を根底で支える感情だと思うのです。

　教育基本法や学校教育法には「寄与する」という文言が多用されています。寄与＝力を尽くして人の役に立つということですが、寄与する態度を培う根底には ── 単なる道徳的な理念としてではなく ── 寄与することの心地良さを体感している必要があるでしょう。すなわち、通常の教育も含めて学校教育では「あなたがいてくれてうれしい！　ありがとう！」という感覚を一人一人が体感することが何よりも大切なのです。

②当てにされ・役に立つ感覚！　──「サンマ＝三間（空間・時間・仲間）」 の学校生活 ──

　娘の話に戻ります。娘は中学部・高等部と作業学習にとことん取り組みました。例えば、木工班では一つの作業工程を任され、毎日働きました。流れ作業ですから、娘がいないと作業全体が滞るのです。「いてくれて助かった！ありがとう！」── 毎日、そのような生活を積み重ねました。娘は「自分が働くことが役に立っている・周りに当てにされる」心地良さを学校時代にたくさん体感していたのだと思うのです。だからこそ、今でもそのような心地良さを感じながら日々働いているのです。

　娘は片言の話ができるのですが、家庭でも手伝いをした後に時々「（ママ

が）喜ぶよ？」と確認することがあります。娘がその言葉の意味をどこまで分かっているのか定かではありません。しかし、自分が誰かの役に立てる・他の人の喜びになる —— 娘もそれを実感し、そのことに幸せを感じているのだと思うのです。

「（○○さんは）いてもいなくてもいい……」「パニックを起こす○○さんが休んでよかった……！」等と言う学校生活では絶対にダメなのです！ そのような教師の思いは必ず子どもににじんで伝わります。その真逆で、「あなたがいないとさみしい！」学校生活にする必要があります。そして、「あなたがいないと困る！」日々の授業にする必要があるのです。

娘は給料の意味を残念ながら理解できていません。にもかかわらず、企業で働き続けてきた理由は、「当てにされる」感覚を心地良く感じていたからに他なりません。

＜三間の学校生活＞

○空「間」 —— その子どもなりの出番・役割・居場所がある、よさやできることが発揮される空間があると子ども自身が感じること

○時「間」 —— 学校には色々としんどいこともあるが、自分のよさやできることが発揮できる時間があると子ども自身が感じること

○仲「間」 —— その子どもの空間があり、それがその子どもにとっていい時間になり、そして、それが仲間に認められる・当てにされると子ども自身が感じること

佐藤愼二『実践 通常学級ユニバーサルデザインⅠ－学級づくりのポイントと問題行動への対応－』（東洋館出版社）より

---

7 卒業してからこそ学ぶことも多い！

⑴ 生活の見通しをもっている！

①カレンダーへの関心

　学校時代、娘の曜日の感覚はそれほど高まってはいませんでした。やりがいのある学校生活でしたから —— 土・日曜日の楽しみとは違った —— 生活目標に向けての楽しみややりがいを毎日感じていたに違いありません。ですから、私たちのように「土・日曜日になったら遊べる……休める……」という感覚は弱かったと言えます。

　学校時代にはイメージしきれなかった「カレンダー」ですが、卒業後にはその理解は一気に進みました。養護学校（現在の特別支援学校）時代には、作業学習等で鍛えられたものの、一般企業での仕事は想像以上に厳しかったに違いありません。週末の外出は、娘にとって何よりの生活の楽しみになりました。我が家のリビングにある大判カレンダーには娘の週末の外出先が目立つように記されています。これは学校時代からの我が家の風景でしたが、卒業後はそれを指さしながら「土曜日、○○行くよ!?」と確認するのが娘の日課になりました。その意味では、卒業後の働く生活に入ってから、曜日感覚や1週間というスケジュール・時間感覚は大変研ぎ澄まされたと言えます。

　ちょっと厳しいこともあるけど、楽しいことも待っているという期待感が —— 残念ながら、働いて得るお金とそれらの楽しみが直接結び付いているとは言えないまでも —— 現在の働く生活を下支えしていると思うのです。

②文字や数字への関心の高まり

　驚かされたのはそれからです……それを繰り返すうちに、いつの間にか、カレンダーに書かれているカタカナや漢字を読めるようになりました。さらに、今では、「日〜土」「1〜31」のカレンダーの日付と曜日と外出先を —— 親にしか判読できない文字ですが —— A4判の紙に、カレンダーそっくりに書き写すことができるようになりました。ひらがなや数字を書く指導

は多少受けてきました。しかし、漢字やカタカナの指導までは受けていません。では、なぜ、娘はそれらを書き写すことができるようになったのでしょうか？

　一つだけ確認できることがあります。それは、**やりたい・楽しみなことがあれば「教えなくても学ぶ」という事実**です。おそらく、書き写すという行為には、楽しみな外出を自分の中で確認する意味があるのだと思います。書くことで楽しみな気持ちを表しているのだと思うのです。

　ここでは、カレンダーの一例を挙げましたが、親として驚かされることはそれに止まりません。一人での外出（徒歩15分ほどのレンタルショップへの返却）、身の回りのこと、言葉での表現力、ワープロによる文字入力（ひらがな入力で漢字への変換）、タブレット端末の活用……生活の裾野の広がりは、親の想像をはるかに凌駕しています。いずれも「指導」の結果ではありません。おそらく、それは、**生活の純粋な楽しみや生活上のリアリティーに富んだ必然性こそが源**なのです。

③教育の本質

　これらの事実は、これまでの教育・学習のありように対する大きな問いを投げかけます。つまり、我々教師は職業柄、「教えよう」とします。教えなければ子どもは学ばないとも考えがちです。しかし、娘の事実はそれが必ずしも真理ではないことを示しています。

　読み書きもコミュニケーションも教えなくても学ぶのです。もちろん、「教える」行為の全てを否定するつもりは毛頭ありませんが、次のことだけははっきりと確認する必要がありそうです。

> **学びたくなる・やりたくなる生活のリアルがあるかどうかが**（知的障害）教育の決め手となる。

(2) 移動支援サービスの活用

　現在、NPO等による様々な地域福祉サービスを活用できる時代になりま

した。娘は働いて貯めたお金でヘルパーさんを雇って、ディズニーランド等に定期的に出かけます。親の目を気にすることなく、第三者のヘルパーさんと共に楽しみます。

このように、働いて楽しむという生活の見通しとリズムが現在の娘を支える大きな力になっているのです。卒業後に使える福祉分野のサービスは多くあります。学校時代に、家庭・教育・福祉のいいトライアングルの支援を構築することは先々を見通しても極めて重要なことです。

以上、知的障害の状態がかなり重いにもかかわらず、娘が民間企業で働き続けた背景を考えてきました。

もちろん、娘一人の事例で全てを語ることはできません。しかし、これだけは言えます。つまり、知的障害教育が伝統的に重視してきた方法である作業学習や遊びの指導（＝学習指導要領で重視している学校生活・授業づくりの方法）を中心にした豊かでやりがいのある学校生活・授業を通して、娘は確かな社会生活能力を育んできたということです。

8 力を使いながら・力を高めるという発想

(1) 力が付くためには？

教育の世界 —— 特に、特別支援学校の世界 —— では、「〜が弱いので〜の力を付ける」「〜の力を育てる」という言い方をします。しかし、あかちゃんの発達をよく考えてみてください！ 私たちは一般的に、赤ちゃんに何かの力を付けようとして子育てをするわけではありません。しかし、あかちゃんには見事に「力が付く」のです。それはなぜでしょうか？

あかちゃんを見ていると —— 寝返りやハイハイができるようになる頃が分かりやすいですが —— とりあえず、今ある力を総動員して何とかやりくりして、ママやパパに励まされながらその力を繰り返し使うことで一歩前に進みます。

⑵　力を繰り返し使うこと！

　冒頭から、何度か強調してきましたが、人が力を身に付ける・高めるのは、その力を繰り返し使うからなのです。あかちゃんのこの姿に全てが集約されているのです。力は使うから、力として身に付くのです。使わない力・使う意欲のわかない力は身に付かず・高まらないのです。

　先に触れた手続き的な記憶世界の日常動作や作業動作は、その力を生活や働く活動の中で繰り返し使えるという最大の特色があります。つまり、働く力は働く力を使いながら身に付け・高めるということです。ですから、知的障害教育では伝統的に作業学習を大切にしてきた歴史的経緯があります。

⑶　力を使いたくなる状況

　働く力とは何か？　どんな力が必要なのか？　という議論も必要かもしれません。しかし、それ以上に、子どもが意欲的に働く状況＝販売会等の目標の実現に向けて自分から力を使いたくなる状況をいかに設定するのか？　という議論と実際の準備こそが大切なのです。そこで子どもが力を繰り返し使って、働く力を身に付け・高めることを目指すことが大切なのです。

○働く力を付けてから働くのではない。充実した働く体験の繰り返しの中でこそ、働く力を身に付け・高める！

○生活する力を付けてから生活するのではない。いい生活の繰り返しの中でこそ、生活する力を身に付け・高める！

　目の前の授業は、子どもの目線で「本音でやりたい＝力を使いたい」内容になっていますか？　この問いにしっかり向き合うことが知的障害のある子どもの教育の出発点なのです。

9 自分から「する生活」の重み　―指示の多い生活のストレス

⑴ 18年ぶりの発作　― 娘が直面した危機 ―

入社して半月経った頃でした。娘は少し出社をしぶるようなそぶりを見せていました。そして、ゴールデンウィーク前のある日 ―― 娘は点頭てんかんのため現在も服薬しています ―― 18年間もなかった発作を出社直前に起こしたのです。

もちろん、疲れもあったでしょう……慣れない電車通勤や一日を通しての仕事のストレスもあったでしょう……。筆者である父は常に弱気で、民間企業への就職は無理だろうと直前まで懐疑的でしたので、「もう、退社しよう！」と妻に話しました。

しかし、妻は冷静にすぐにジョブコーチに連絡をとり、職場の状況を把握しました。そこで、次のようなことが分かったのです。「一日中励まされて（指示されて）いる状況」にあったのです。「何が悪いの……？」と思われるかもしれません……。

⑵ 一日中励まされ・指示され続けると……

「言葉もうまく話せない」「知的障害がある」しかも、「新入社員」とあって、周りの従業員の方々は常に娘を応援しようと必死だったのです。ですから、全く悪気のないことだったのですが、「はい、次はこれ！　そう！　いいよ！　はい！　こっち！……」と常に指示と激励が飛び交っていたのです……。

さて、読者のみなさんに伺います。教室の中にはいつも校長先生か教頭先生がいて、一日中、「はい、これ！」「いいぞ！」「次！　それはダメ！　こうだよ……よし！」と指示され、称賛され続けるとしたらどうでしょう？おそらく、かなりのストレスを抱えて、退職に追い込まれるかもしれません……。

娘の学校時代は（もちろん、必要な指示や最低限の支援は受けてきましたが）指示されなくても次々と一人で手早く仕事を「できる状況」があり、そ

の中で真剣に働くことを繰り返してきました。また、その心地良さを体感していたのです。ですから、ある意味、常に激励される就職先の生活は学校時代とは真逆に激変していたのです。

⑶　言葉で伝えられないというストレス

　言葉で思いを伝えられない分、娘は相当なストレスを抱えながら約1ヶ月を過ごしていたのです。「発作」という形でしか、その思いを伝えることができなかったのだと思うと……娘には本当に申し訳ないことをしたと今でも反省しています。

　自立的・主体的な力を育てる —— 通常の教育・特別支援教育を超えて —— この点に異論はないでしょう。教育の永遠のテーマとも言えます。

> 　知的障害のある子どもは —— 障害のない子どもに比べれば —— 圧倒的に指示される生活、何かをさせられる生活になりがちである。

　突き詰めて言えば、「知的障害」という困難性を抱える子どもたちは、適切な支援がなければ、指示されストレスを抱える状況に置かれがちなのです。自立的・主体的に取り組める状況をどうつくるのか？　これは、私たち教師に課せられた極めて大きなテーマです。

10　環境要因＝支援が子どもを変える！

⑴　子どもの姿は支援の良し悪しのバロメーター！

　指示の多い毎日になっていたことが分かりましたので、ジョブコーチがすぐに支援のあり方を周りの人たちに伝えてくれました。言葉での指示や激励は最小限に、必要があれば身振り手振りも交えて指示してもらうようにしました。すると、その効果はすぐに表れました。出社する娘の表情も良くなり、仕事も手早くなりました。

　知的障害のある子どもたちはある意味とても正直だと思います。環境や支

援のありようにとても敏感です。支援が良ければ力を発揮しますが、支援が悪ければ力をうまく発揮できません。支援の仕方（ここでは、声かけや接し方）を変えただけで、娘は見違えるようになりました。

⑵　**支援を徹底して変える！**

　このエピソードの大きな示唆は、娘が急に成長して適応したのではないという点にあります。つまり、支援（娘の例は人的な支援＝接し方を変えたのですが……）を変えたことで娘の適応状態が高まったのです。活動そのものの楽しさ・やりがい、個に応じた様々な教材・補助的な用具の工夫等を含む物理的な環境要因も含めた支援がいかに大切であるか！

　適切な支援が不足すれば障害は重く見えるのです！　適切な支援が行き届けば、頼もしく見違えるような姿を示す子どもたちなのです！　支援の重要性については、後ほど、詳細に検討したいと思います。

column ：向かい合わせの鏡

　筆者が講演で必ず取り上げるエピソードがある。それは、激しい離席を繰り返し、担任から厳しく叱責されつづけた小学校１年生の次の一言である。「ぼくも、みんなみたいに、すわってべんきょうしたい！」── 筆者の胸に突き刺さった。その子どもが「座る努力」をしているようには全く見えなかったからだ……。

　「子どもに学ぶ・子どもに気付かされる」重要性はよく言われる。筆者にとっては、この子どもの一言に学んだことの大きさは計り知れない。この子どもに出会うことがなければ、筆者は本当に視野と了見が狭いまま教員人生を終えていたに違いない。このエピソードは、「行動の見方や考え方・子ども理解のありよう」という教師の側の「問題」を鋭く突き付ける。

　例えば、仮に、視覚障害のある子どもが学級に在籍していたとしよう。私たち教師は、その子どもに向かって、「黒板に書かれたこの文章を読みなさい！　何度言ったら分かるんだ！　どうして読めないんだ！」と叱責するこ

とはない。なぜか？　本人の努力だけでは及ばないことを理解しているからである。

　では、努力しても着席しつづけることが困難な子どもがいるとするならばどうであろう……その子どもへの厳しい注意・叱責は、視覚障害のある子どもに「なぜ見えない！」と迫ることと何ら変わることのない――もしかしたら――「医療ミス」以上の「教育ミス」になりかねない！

　離席という一つの「問題」を目の当たりにしたときに、私たち教師が客観的に観察可能な離席にだけ目を向けて、じっとしていられない「困った」子どもと理解するのか？　あるいは、子ども本人の「着席していたい」という本音の思いに寄り添い、努力をしても着席できずに「困っている」子どもと理解するのか？　この両者には、天と地ほどの「理解の乖離」が横たわっている。

　そして、この、教師側の子ども理解の「問題」は何をもたらすだろうか？　おそらく、一歩間違えれば、極めて悲劇的な事態を招く。それは、「自分は全く分かってもらえなかった……」と子ども時代を振り返る多くの当事者の回想に象徴される。

　「着席する努力をしている子ども」と周りの見方が変わると、支援も変わる！　「着席している姿は本人が頑張っている状態」との共通理解のもと、その姿を支え・励ますことになるからである。その子どもが日を追うごとに成長を遂げたことは言うまでもない。

　子どもの「問題」行動には、多かれ少なかれ、教師の「問題」、すなわち、行動の見方、授業のありよう、支援の質総体が反映されていると考えるべきであろう。だからこそ、逆に、教師の支援の質が高まれば、子どもの行動もよりよくなるのだ。それは、あたかも、向かい合わせに置かれた鏡のごとく映し合う関係にあると言えよう。

　「頑張りたい！」という子どもと教師のお互いの思いを映し合う学校生活・授業でありたいと心から願う。

第 II 章

自立と支援
－知的障害教育の目的を考える－

　第 I 章では、知的障害のある娘のエピソードを中心にしながら、知的障害教育のポイントに触れてきました。本章ではまず、知的障害教育における授業の目的である「自立」について、できるだけ授業実践に即して、具体的に検討したいと思います。

1　知的障害特別支援学校は病院ではない！

⑴　悪いところを治す？

　「特別支援学校」は「悪いところを治す」学校というイメージが少なからずあります。確かに、在籍する子どもたちの中には、強度の行動障害（パニック、暴力……）、いわゆる「問題」行動を抱える子どもたちがいます。娘の幼児期にも、本人にとって、そして親としても、とてもしんどい時期がありました。小学部、中・高等部と身体も大きくなって、何らかの行動上の問題を抱えるとしたら、学校だけでなく家庭生活でも大変な苦労を抱えることは親として十分に想像できます。

　ですから当然、そのような行動上の問題については、学校が中心になり関係機関とも協働し、何らかの支援を講ずる必要があります。その際に大事なことを確認します。まずは、「問題」行動の解釈です。つまり、「言葉やそれに代わる表現手段に困難を抱える子どもたちにとっての最も辛い選択が問題行動である」と受け止める必要があります。そして、子どもの悪いところを治す病院型の支援に陥らないことです。私たち教師は問題行動を治す専門家では決してありません。たとえ、特別支援学校の教員であっても、私たちの

専門性は学校生活づくり・授業づくりでこそ発揮されます。

　そして、もう一つ大事な確認です。**悪いところを治すために学校に登校する子どもはいません。充実したいい時間を学校で過ごしたいと心から願い校門をくぐってくる**のです。「問題」行動解決の一番の近道は、充実した学校生活・授業づくりに他なりません。

⑵　問題行動理解の氷山モデル

①「問題」の原因は？

　筆者は図を「問題行動理解の氷山モデル」と名付けています。例えば、激しい頭痛を水面上の「問題行動」とします。その問題への対応として鎮痛剤を服用するのは対症療法的支援です。しかし、水面下の見えない部分に「脳血栓」等があれば、頭痛＝「問題行動」への対応は効果を発揮しないばかりか手遅れになるでしょう。「脳血栓」という根本原因そのものへの原因療法的な支援が求められます。つまり、水面の上の「問題」にばかり目を奪われるのではなく、水面下の原因にしっかりと目を向ける必要があるのです。

②原因の本質は何か？

　問題行動の一因として、モデル図にある本人要因の「コミュニケーションの困難さ」が指摘されることがあります。それはおそらく間違いではありま

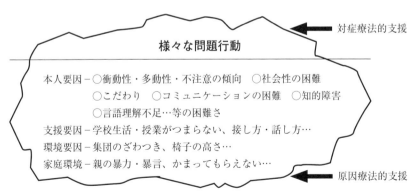

佐藤愼二『実践　通常学級ユニバーサルデザインⅠ－学級づくりのポイントと問題行動への対応』（東洋館出版社）より

せん。しかし、本当の間違いがここから起きます。つまり、「コミュニケーション力を育てなければならない……」と授業が展開されることがあるのです……。本当にそうなのでしょうか？　ここで確認しなければならないことがあります。

○本音でコミュニケーションをとりたくなる学校生活・授業になっているかどうか？
○コミュニケーションの困難さが際立つような学校生活や授業になっているのではないか？

　つまり、問題の原因は子どもの「コミュニケーション力の弱さ」＝本人要因だけにあるのではなく、学校生活や授業の在り方そのもの＝支援要因にあるのかもしれないという問題意識をもつ必要があります。「問題行動」の水面下には「学校生活や授業がつまらない・分からない・できない」という大きな背景や原因があるかもしれないという視点をもつことです。逆に言えば、「『コミュニケーション力が弱い』と、子どものせいにしない！」＝それが、「特別支援」学校教員としての責任ある態度だと筆者は思っています。**治すのは「子どもの悪いところ」ではなく、「支援の悪いところ」なのです。**

(3)　逆転の発想の重要性

　もう一つだけ、知的障害教育の入り口で大事な確認をしておきます。先に触れたように、どうしても目の前の「問題行動」「問題行動を減らす」ことに私たち教師の意識が向いてしまうことがあるのです。これはやむを得ないことです。しかし、ここで発想を逆転する必要があるのです。「問題を起こしていない状態はむしろ頑張っている＝努力している状態」なのだという理解です。「問題を減らす」のではなく、「問題のない状態を増やす」のです。

　逆転の発想とは、「問題」行動を叱って減らす発想ではなく、「問題」を起こしていない状態をほめて増やす発想！　佐藤愼二『逆転の発想で　魔

法のほめ方・叱り方－実践 通常学級ユニバーサルデザインⅢ－』（東洋館出版社）

「コラム：向かい合わせの鏡」でも触れたように、「問題を起こしていない状態」は頑張っている状態です。その姿には、その子どものよさ・できること・得意等が発揮されているのです。この「逆転の発想」は子どもにとっても、教師にとっても、最も無理のない支援です。子どものよさ・できること・得意等が発揮され、「もっとやりたくなる」学校生活・授業づくりにしたいと思うのです。本書の目的は「問題を起こす気にならない」「問題を起こすことを忘れてしまう」ような「楽しく・やりがいある」学校生活・授業づくりの検討・提案とも言えます。

2 知的障害教育の自由度の高さ

⑴ 通常の学級イメージを棚上げする！

　1年でも知的障害教育にかかわったことのある読者ならばともかく、初任・新任の先生にとっては、本書を読んで逆に、「では、何をすればいいの……？」とかなり不安になったかもしれません。さて、この先はさらに、教科書と黒板を使ったチョーク＆トークの「勉強を教える授業」イメージは、いったん、棚上げして読み進めてください。

　シンプルで分かりやすい例として、筆者の初任時代（中学部）に取り組んだ本当に拙い授業（生活単元学習）を紹介します。それは、2週間続けて給食を欠食にして、毎日買い物に出かけ材料を購入して「焼きそばとお好み焼き」を作り続けた活動です。……「何それ？」と思われるでしょう。おそらく、今では2週間連続して給食を欠食することは簡単には許可されないと思いますが、逆に言えば、それぐらい思い切った発想が知的障害教育では現在でも可能と言うことです。

　2週目には友達、先生、保護者を連日招待してお店のような雰囲気をつくりました。当時は「総合的な学習の時間」はありませんでしたから、この2

週間は着替えや朝のマラソン、朝と帰りの会を除けば一日中「焼きそばとお好み焼きづくりをしよう！　お客さんを招待しよう！」というテーマ一色の学校生活を過ごしていたことになります。

　振り返れば、栄養面を含めて検討しなければならなかったことが多々ありますが、2学期に実施したこの活動は子どもたちだけでなく保護者にも大好評で、3学期にも再度取り組みました。

⑵　各教科等を合わせた指導

　通常の学級から異動された先生は「これは技術・家庭科の授業ですか？しかし、技術・家庭科を一日中、しかも、2週間も可能なのですか？」と素朴な疑問が浮かぶはずです。

　この取り組みは「各教科等を合わせた指導」という指導形態の一つ「生活単元学習」（※詳細は後述します）です。通常の教育では、各教科等を横断して取り組む「総合的な学習の時間」や「合科」の授業に近いイメージです。「各教科等を**合わせた指導**」ですので、具体的に「合わされていた」教科等があります。それを考えてみましょう。この学習の中心は調理でしたので、教科等で言えば（※耳慣れない名称も出てきます。なお、現在の学習指導要領の名称を使用します）、まず「職業・家庭」（←知的障害特別支援学校中学部の教科名）です。子どもたちは調理が大好きでしたので、興味関心を大変かき立てました。関連した大きな活動の柱は買い物でした。当然、校外にでますので「社会」、買い物でお金にかかわりますので「数学」、店員さんとのやりとりにかかわる「国語」「自立活動」、招待状や看板づくりにかかわる「国語」や「美術」等も「合わさっていた」ことになります。

　「焼きそばとお好み焼き」を作って食べる、さらに、――ここが大きなポイントですが――「お客さんに食べてもらう！」となれば、当然、子どもたちの活動やその2週間の生活への意欲と真剣さは高まるでしょう。**生活上の目標が明確で、主体的に意欲的に自分から力を使いたくなる具体的な活動が中心にある**からこそ、力を繰り返し使い、力が付くのです。

　「？」がさらに大きくなったかもしれませんが、さらに通常の学級イメー

ジを棚上げしながら次節に目を通してください。

3 何を目的にするのか？

(1) 結果として各教科等の目標・内容が含まれる！

　通常の教育の場合、教科別の抽象学習（国語・算数他）の成果が、結果として、「焼きそばとお好み焼きづくり」のような社会生活場面に般化していくことが想定されています。しかし、知的障害教育の発想は逆転しているのです。「焼きそばとお好み焼きを作って、お客さんを招待しよう！」という子どもが意欲的に取り組める実際的・具体的な生活目標と活動がまずあり、結果として、その生活の中で各教科等の内容が生きた力として身に付いていくと考えます。充実した生活の中には教科等の要素が生きた形で豊富に含まれています。知的障害教育では「生活本来が有する教育力」を大切にするのです。

(2) 楽しく・やりがいある活動が大切！

　この活動は、料理人になるための修業ではありませんでした。もちろん、買い物で「店員さんとのコミュニケーションの力を付ける」「お金の計算力を付ける」「包丁の使い方を身に付ける」ことを目的にしていたわけでもありません。考えてみてください……コミュニケーションの力を付けるために買い物に行く人はいません。包丁の使い方を身に付けるために調理をする人もいません。

　「焼きそばとお好み焼きづくり」自体が子どもにとっては楽しく・やりがいある大きな生活目標であり、日々の活動でした。本当に楽しく・やりがいある活動ならば、結果として、コミュニケーションしたくなります。お客さんを招待して食べてもらいたいと思うから、うまく調理するために、結果として、包丁を使う技術が高まるのです。買い物をしたい気持ちが高まるから、結果として、お店の人とお金も含むやりとりをしたくなるのです。正に、**結果として、各教科等の内容が実際に使える生きる力として豊かに含ま**

れることになるのです。それは**生活そのものが上質な学習になっている状態**とも言い換えることができます。

⑶ 「自立」という大目標

　大事な確認をします。私たち知的障害特別支援学校のミッションは子どもたちの「自立」です。その「自立」を実現する教育に「説明責任」「実行責任」「結果責任」を負うのです。それは次のような法律の文面にあるとおりです。

○教育基本法第5条には、「義務教育として行われる普通教育は、**各個人の有する能力を伸ばしつつ社会において自立的に生きる基礎を培い**……」

○学校教育法第72条「特別支援学校は、視覚障害者、聴覚障害者、**知的障害者**、肢体不自由者又は病弱者（身体虚弱者を含む。以下同じ。）に対して、幼稚園、小学校、中学校又は高等学校に準ずる教育を施すとともに、障害による学習上又は生活上の困難を克服し**自立を図る**ために必要な知識技能を授けることを目的とする」

○「特別支援教育は、障害のある幼児児童生徒の**自立や社会参加に向けた主体的な取組を支援する**という視点に立ち、幼児児童生徒一人一人の教育的ニーズを把握し、その持てる力を高め、生活や学習上の困難を改善又は克服するため、適切な指導及び必要な支援を行うものである」（「特別支援教育の推進について（通知）」文部科学省. 2007（平成19）年 ※太字筆者）

　子どもたちが、日々、意欲的に取り組める学校生活（力を繰り返し使う自立的・主体的な生活）を実現します。つまり、「卒業後に向けて」だけでなく、今現在の学校の中でこそ自立し参加度の高い生活を実現します。目標＝「自立」に向けて、内容＝意欲的に取り組める自立度・参加度の高い「学校生活・授業」を用意し、方法＝それに繰り返し取り組むのです。

4 学校生活の充実 ―「今を豊かに！」にする教育―

(1) 今現在の「学校生活」への着目

　次節で検討しますが、知的障害教育は「自立」が前面に出ますので、「将来の自立ための準備」という側面が強くにじみ出ます。過去には、「知的障害教育＝自立ための訓練」という時代もありました。しかし、学習指導要領は**通常の教育も含めて「今現在の学校生活の充実」をあらためて強調**しました。これは極めて重要な転換です。

　学習指導要領では、「児童又は生徒が，自己の存在感を実感しながら，よりよい人間関係を形成し，**有意義で充実した学校生活を送る中で，現在及び将来における自己実現を図っていくことができる……**」（総則本文．太字筆者）とあり、「学校生活が全ての児童生徒にとって有意義で興味深く，充実したものになるようにする」と解説されています。特別支援学校だけでなく小学校、中学校、高等学校学習指導要領にも記載された画期的な記述だと筆者は考えています。

　さらに、各教科全体の「内容の取扱い」にも「学校と家庭等とが連携を図り，児童の学習過程について，相互に共有するとともに，児童が学習の成果を**現在や将来の生活に生かすことができるよう配慮するものとする**」（本文．太字筆者）とあり、「**学習した内容を実際の生活で十分に生かすことができるようにするためには，実際の生活や学習場面に即して活動を設定し、**その成果を適切に評価して，児童がより意欲的に取り組むことができるように，指導方法等を工夫することが大切である」（解説．太字筆者）とさてれいます。

　○今現在の生活の充実という観点は、「知的障害」という困難性を抱える子どもにとっての「学校生活」を単なる「訓練期間」とみなすのではないという視点を提起した。

　○学校生活でこそ充実した時間を過ごし、自己実現を図る権利が前面

に、しかも、公的に打ち出されたことになる。

　子どもにとっての「学校生活」は一日の大半を占めます。私たちは子ども
たちが日々充実して過ごせる「自立的・主体的な学校生活」の実現に責任を
負うのです。

⑵　幼児期・学校生活・卒業後に連続する「豊かさ」

①通常の教育が想定すること

　少しだけ話が横道にそれますが、下図のように、人生を単純に3分割して
みます。このように図示するととても不思議なことに気付きます。学校教育
の期間だけ、系統的で・細分化された活動を中心に過ごすのです。

　「教育は人間の潜在能力を引き出す」側面があります。ですから、子ども
時代に様々な文化に触れる必要があります。その中から、興味関心を抱く分
野に出会い、自分の得意・不得意に気付いて進路・職業選択をしたり、場合
によっては優れた才能が見い出され、ノーベル賞のように生活・社会革命に
結び付くような発見・発明がなされたりするのは事実です。

　加えて、通常の教育の場合には、系統的に細分化して学ぶ方が最も効率よ
く体系的に知識や技能を学び、その結果、自然に自立的・主体的な職業・社
会生活に結び付くという想定があったのです（ここは、あえて、過去形で書
きました）。言葉を変えれば、仮に、学校教育で系統化・細分化された教科
等の内容を学ぶという ── その前後とは質の異なる断絶した ── 生活をし
ても、その力は学校教育修了後の「家庭・社会・職業生活」の中に般化され

〈通常の教育を中心とした人生の流れ〉

乳幼児期の生活	学校中心の生活		社会生活・職業生活
未分化で総合的な 遊びと生活が 中心の世界	国語 算数 理科 社会 英語…他	系統的に 細分化された 活動中心の 世界	未分化で総合的な 家庭・社会・職業生活 中心の世界

活用されるはずだという確信があったのです。本当にそうだったのでしょうか。

　2017年告示の学習指導要領の背景には、学力テストを含む様々な調査研究等も踏まえて、**幼児期と学校教育と職業・社会生活には断絶がありすぎた**のではないのかという強い反省があったのです。だからこそ、「実社会・実生活に汎用性のある生きる力」の育成を核に、「社会に開かれた教育課程」「カリキュラム・マネジメント」「教科等横断的な視点」「主体的・対話的で深い学び」等が提起されたのです。

②知的障害教育の考え方

　一方、知的障害教育のそもそもの発想は真逆でした。知的障害という困難性を抱える子どもたちにとっては、「幼児期の生活」と「学校教育」と将来の「家庭・社会・職業生活」との断絶が大きければ、学校生活そのものの意義も弱まり、まして「自立」には結び付かないだろうと考えられてきました。知的障害教育はその出発点で、「断絶はよくない」という問題意識を強くもっていたのです。そのため、先に触れたように、自立に向けての訓練主義の時代もあったのです。**知的障害教育は子どもの「幼児期→学校生活→卒業後に向けての生活」の連続性を重視し、断絶を少なくスムースに移行できるようにデザインされている**のです。

　ですから、第Ⅰ章で「遊びの指導」「作業学習」という用語が出てきましたが、図を確認すると、「幼児期からの遊びを小学部で自然に取り入れる」「中学部・高等部では、卒業後の働く生活をイメージして（働く）作業学習

〈知的障害教育の場合〉

乳幼児期の生活	学校中心の生活	社会生活・職業生活
未分化で総合的な遊びと生活が中心の世界	乳幼児期の遊びと生活が中心の世界を受け継ぎつつ、自然に、社会生活・職業生活に結び付ける	未分化で総合的な家庭・社会・職業生活中心の世界

を取り入れる」という流れが自然であることも少し納得いただけるかと思います。

　そして、さらに、今回の学習指導要領では、「**有意義で充実した学校生活を送る中で，現在及び将来における自己実現を図っていく**」と示されたことになります。その意義を再確認し、充実した学校生活を実現するための具体的な方法を考える必要があるのです。

5　教育目標「自立」とそのための「支援」を考える

(1)　自立は「孤立」か？　支援は「無援」か？

> 　誰しもが、適切な行き届いた支援を受けながら「主体的に」取り組む姿が想定されている。
> 　「自立」は決して「孤立」ではない！　「支援」は「無援」ではない！

　現代社会において「支援なしの自立」はありえません。もし、「私は完全に自立している」と考えている人がいたら、それは大きな勘違いです。例えば、筆者は近視ですので、1メートル先の文字でも、「めがね」という支援がなければ、文字を読む力を発揮できません。水道・電気・ガス……自動車や電車がないとしたら……農業・水産業に従事する人がいないとしたら……生きていくことさえ危うくなるでしょう。

　あまり意識されませんが、社会・生活インフラは、極めて重要な「基礎的環境整備」です。それらの支援もない孤立無援のロビンソン・クルーソーのような自給自足的な生活を「自立」というならば、この日本に「自立」して生きている人は皆無です。私たち誰しもが支援付きの「自立生活」を営んでいるのです。ですから、特別支援教育・知的障害教育の目標である「自立」も、本来ならば少し柔らかく「自立的」という言葉の方がふさわしいだろうと思います。

そして、**教育として「生きる力」という意思的側面をさらに強調すれば**「**主体的**」を加えて「**自立的・主体的な姿・生活**」ということになると思います。少なくとも言えることは、孤立無援状態の「自力」「孤力」のみを語る「自立論」は非現実的になっているということです。つまり、「**自立は孤立ではなく、支援は無援では決してありえない！**」のです。

⑵　他力本願の思想

　「自力」という側面だけで考えれば、「平成」「昭和」……「江戸」……「縄文」……過去の時代を生き抜いた人たちの方がよほど「自力的」だったはずです。現代では、電車が1本止まったり、断水したり、停電したり、スマホが壊れたりするだけで生活が成立しません。それだけ、**現代は極めて「依存的」で「支援に満ちあふれている」**時代です。もはや「自力」で「独り」で生きることはできません。それを受け入れるならば、自立とは適切な「依存先」を見付け、「支援」を受ける＝その多様性こそが人生を豊かにすると考えるべきなのです。つまり、**現代は、（知的）障害の有無にかかわりなく**「**他力本願の時代**」なのです。公式化すれば以下になります。

> 「自立的・主体的な姿・生活」＝自力（自己の力＋意思）×支援（人・もの）

　支援の質と量が最適化されれば、よりよい「自立的・主体的な姿・生活」が実現します。一つ大切な確認なのですが、支援に（**人・もの**）と書いたのは意味があります。それは、めがねや何らかの補助具のような物理的な支援だけでなく、「共に活動する仲間や教師がいてこそ」という側面を強調したいからです。私たちが何かを成し遂げるときに ―― 部活動を振り返っても ―― 共に支え合い・競い合う仲間やライバルの存在は大きいですよね。人こそが人を支えるのです。

⑶　自力と支援　－「視力」と「めがね」を例にして－

　また、自力（自己の力＋意思）と支援（人・もの）の関係について、「視

力」と「めがね」を例に考えてみましょう。すると、支援の良し悪しも分かりやすいです。「めがねの度」（＝支援）が強すぎても、弱すぎてもよく見えません。つまり、「自立的・主体的な姿・生活」になりません。つまり、「自立的・主体的な姿・生活」になるように、「視力」という「自力」にあわせて、「めがねの度」の調整という「支援」の検討が求められます。

　加えて、顔かたちや髪型に合わせて、めがねの形・大きさ・色なども考慮するはずです。その人らしさ・個性の発揮は「意思」とも大きくかかわることになり、「自立的・主体的な姿・生活」を強めたり、弱めたりするでしょう。さらにいえば、例えば、拙書を読み進めたいという「意思」をもつかどうかは「自立的・主体的な姿・生活」を決定付けることになります。

　つまり、「自力」が発揮されやすい「支援」を最適化する必要があるのです。この「支援の最適化」（行き届いた適切な支援）にこそ「特別」支援の本質があるのです。最適化の基準は以下です。

⑷　支援の最適化

> 　「自立」とは，児童生徒がそれぞれの障害の状態や発達の段階等に応じて，**主体的に自己の力を可能な限り発揮し，よりよく生きていこうとする**ことを意味している。（「特別支援学校小学部・中学部学習指導要領解説 自立活動編」）

　「主体的に自己の力を可能な限り発揮し，よりよく生きていこうとする」姿が見られるかどうか、正に、これが「最適化」の基準です。通常の教育でいえば、やる気もなく取り組んだテストの80点と、自分なりに精一杯取り組んでとった80点では、どちらが「よりよく生きていこうとする」生活に結び付くでしょうか。

　知的障害のある子どもが何かを「できる」というときにも同様に、「主体的に自己の力を可能な限り発揮し、よりよく生きていこう」としているかどうかが大きな分かれ目になります。ここでも「部活動」をイメージすること

が一番分かりやすいはずです。外してはならない視点は、正に、仲間とともに**有意義で充実した学校生活を送る中で、自己実現を図っている姿**です。

　そこで、さらに、「主体的に自己の力を可能な限り発揮し、よりよく生きていこうとする姿」を明確化するために、「よりよく生きる」とは真逆の子どもの姿・生活をあえてイメージしておきます。

> 　「やる気が起きないつまらない生活」「簡単すぎてつまらない生活」「難しすぎてできない生活」「何事も押しつけられる生活」「指示の多い生活」「いつも手を添えられる生活」「先回りの支援をされる生活」「うまくできないという理由で（補助具・教具の工夫もないまま）やらせてもらえない生活」「待たされる生活」「（何らかの問題となる行動をするという理由で、支援の工夫もないまま）叱責される生活」「全く当てにされない生活」「誤解される生活」「やりがいのない生活」「目標のない生活」……

　知的障害のある子どもたちは、ある意味、とても正直です。支援の良し悪しに敏感に反応します。支援が不適切ならば、上記のような姿になることもあるのです。その意味では、私たち教師の責任はとても重いと言えます。

⑸　よりよく生きていこうとする姿

　「支援の最適化」の具体については後章で詳しく検討したいと思います。ここでは、「主体的に自己の力を可能な限り発揮し、よりよく生きていこうとする」姿を、しっかりとイメージしておきたいと思います。

> **「主体的に自己の力を可能な限り発揮し、よりよく生きていこうとする」姿**
> ア、「自分から」取りかかる姿
> ・目的意識や期待感を抱いて仲間と共に取り組む姿。
> ・指示され、説明され、手を添えられて「させられる」姿ではなく、自分からやろうと「する」姿。

イ、「自分で」続ける姿
  ・その活動に楽しさややりがいを感じ繰り返し繰り返し仲間と共に取り組む姿。
  ・その活動に自分自身の存在感を感じとり、心地良さを味わっている姿。
ウ、「やりとげる」姿・「もう一度やってみたいと感じている」姿
  ・その活動を最後までやりとげ、満足感や達成感を仲間と共に味わう姿。
  ・その活動を「もう一度やってみたい！」と感じている姿。

　上記のような姿が実現されているときに「支援の最適化」がなされていると判断したいと思います。

第 **III** 章

知的障害教育における学校生活・授業づくりの特色

1 「なぜ」「何のために」「何を学ぶのか」という学習の意義

⑴ 授業への子どもの思いに応える

　ある授業に際して、子どもたちから「先生、何のためにこの授業をやるのですか？」と問われたら、何と答えるでしょうか。子どもの本音にあるはずのこの問いに答えるつもりで授業づくりをする必要があります。すでに、通常の学級では、このような厳しい（声なき）声に真剣に向き合う教師の姿勢が求められています。

> 　「何のために学ぶのか」（総則解説）という学ぶ意義の再確認が求められている。

　例えば、通常の小学校４年生理科に「とじこめた水や空気」という水圧や空気圧を取り上げる教材があります。これは、「ペットボトルロケットを遠くに飛ばそう！」「よく飛ぶ空気鉄砲・水鉄砲を作ろう！」等の単元名で展開されることがあります。「どうしたらよく飛ぶのか」仮説を出し合い、班ごとに侃々諤々^{かんかんがくがく}の議論が行われます。「よく飛ぶペットボトルロケットや空気鉄砲を作る」という子ども目線の実際的・具体的な生活目標が掲げられれば、子どもの意気込みに俄然と火がつくことは想像に難くありません。そのプロセスの中で、水圧や空気圧の性質について真剣に考えることになるのです。

41

⑵ 本気になれる「生活目標」があるのか？

　知的障害という困難性のある子どもならばなおのこと、「何のために」という甲子園のような明確な目標の有無は学習効果の分水嶺になりそうです。小学部から高等部までよく取り上げられる「金銭」の指導で考えてみます。単純な計算指導よりも生活密着度が高い「金銭」を使った計算は自立と社会参加を目指す上で実用的な意義は高いと考えられます。しかし、その取り上げ方によっては、子どもの意欲や学習効果にもかなり違いが出そうです。例えば、以下のような指導場面で考えてみます。

①模擬硬貨や模擬紙幣を使用した弁別や計算指導
②実物の硬貨や紙幣の弁別や計算指導
③実物の硬貨等と果物等の写真あるいは模型、さらには実物を使った買物ごっこによる計算指導
④スーパーのチラシ等に示される金額と実際の硬貨等を組み合わせて計算する指導
⑤実際に買物に行って硬貨や紙幣を使う指導

　①～⑤のいずれのシーンも、教室でよく見られる光景です。そして、学習効果は全くないとは言えません。しかし、先に触れたように、**「何のためにこの授業をやるのですか？」と、子どもに問われたら何と答えるのでしょうか？**　おそらく、①～⑤のいずれにも「生活のリアル」がないのです。「何のために」という実際的で具体的な生活目標の有無で、特に、知的障害のある子どもの意気込みは確実に変わります。「『焼きそばとお好み焼きを作って、お客さんを招待する！』（＝生活目標）ために材料の買い物に行こう」と子どもに呼びかけるから、金銭の扱いにも必然性が生まれ、本気になれるのです。結果としての学習効果も高まります。

　○「何のためにやるのか」という子どもの目線での思いと声に応える。

○子どもに分かりやすい生活目標を用意することでその活動の必然性・本気度を高める。

⑶ 子どもに聞いてみる！

逆に、子どもに「どうしてこの授業をするのですか？」と聞けば、子どもは何と答えるでしょうか？　授業改善に際して、この問いには常に自問自答すべき価値が大いにあります。先の「焼きそばとお好み焼き」に取り組む子どもたちに、「どうして買い物に行くの？」と聞いたとします……まさか、「自立を目指すためです」とは答えないでしょうし、「お金の計算のためです」「『ほう・れん・そう』のためです」「手先の巧緻性を高めるためです」と答える子どももいないだろうと思います。「これから、焼きそばとお好み焼きを作るからです」と答えるはずです。

このような子どもにとっての「生活のリアル」＝明確な生活目標とその活動が、正に、「自立的・主体的な姿・生活」の原動力となるのです。

⑷ 学習と生活の一体化

では、目標が生活的ならば、それで十分なのでしょうか。先の「焼きそばとお好み焼き」で考えてみましょう。たとえば、単元初日は「どんな材料が必要なのか」の調べ学習、2日目は「材料の値段と金銭のマッチング学習」、3日目は「お店屋さんとのやりとりの練習」……（もちろん、事前の予備的な知識とその学習は皆無でいいのかと問われればその意義を頭ごなしに否定しません）。しかし、これでは、子どもたちが楽しみにする魅力的な生活が台無しです……。

一日で完結する単元ではありませんから、初日はむしろ、必要な材料の確認や買い物の分担、校外での諸注意をした後に、「さあ、材料の買い物に行って作ろう」と自然な生活文脈でいいのです。初日に実際に取り組んだ後にこそ、「味はどうだったか」「買い物はどうだったか」……子どもも含めて振り返ることで、「調理をもっとうまくやりたい」「お金の勉強も必要」「お店屋さんにきちんと伝えないと……」「おいしくできたら、お客さんを呼び

たい！」と子ども自身の本気度と学習の必然性が高まるのです。生活を中心に発展する学習が充実し、生活がさらに深まり、広まるのです。正に、「主体的・対話的で深い学び」が成立するのです。これが、**生活と学習活動が一体化する知的障害教育の理想の姿であり、生命線**なのです。

> 生活のための（目標）、生活の（内容）、生活による（方法）、教育が求められている。

2 知的障害という「困難性」に寄り添う教育の姿

⑴ 視覚障害・聴覚障害・肢体不自由・病弱教育の特色

　私たちにとっての法律である学習指導要領とその解説を通してさらに考えてみましょう。特別支援学校は5つの障害——視覚障害、聴覚障害、肢体不自由、病弱、知的障害——を対象にしています。もちろん、大目標が「自立」にあることは知的障害を含む5障害全て同じです。しかし、視覚障害、聴覚障害、肢体不自由、病弱の教育の基本は「準ずる教育」と言って、基本は通常の教育なのです。つまり、教育目的・教育内容の基本は通常の教育と同じで、そこに「自立活動」が加わること、そして、実際の支援に当たっては、障害に応じてその教育方法を工夫しなさい！　と示されています。

　では、知的障害はどうでしょうか。

⑵ 知的障害教育では？

　これまでの本書の内容を法的な根拠も含めて明確にするために、少々堅苦しいですが、解説から引用します。「**知的障害の特徴及び適応行動の困難さ等を踏まえ**、知的障害者である児童生徒に対する教育を行う特別支援学校の小学部及び中学部の**各教科等については**，学校教育法施行規則第126条第2項及び第127条第2項において，その種類を規定している。そして，発達

期における知的機能の障害を踏まえ，児童生徒が**自立し社会参加するために
必要な**「知識及び技能」，「思考力，判断力，表現力等」，「学びに向かう力，
人間性等」を身に付けることを重視し，特別支援学校学習指導要領におい
て，各教科等の目標と内容等を示している」（解説「各教科等編」※太字筆
者）とあります。つまり、

> ○知的障害教育の各教科は学校教育法施行規則上、通常の教科とは別に
> 示されている。
> ○知的障害教育の各教科は自立と社会参加のために必要な目標・内容に
> なっている。

　知的障害教育でも国語、算数……という名称を使っています。ですから、
通常の学校から異動された読者の中には、「知的障害教育の各教科等と通常
の教育は全く同じ」と誤解していた方も多いかもしれません。名称が同じで
すからやむを得ないことです。もちろん、通常の教科と知的障害教育教科に
全く重なりがないかといえば、そのようなことはなく、むしろ、重なりはた
くさんあります（2017 年の改訂では、通常の教科が知的障害教育の各教科
に近接する形でその関連性は高まりました）。しかし、「自立」という目的を
達成するために必要な「日常生活」「社会生活」「職業生活」への密着度の高
い内容が知的障害教育の各教科で取り上げられていると理解してください。

⑶　**知的障害という困難性を踏まえた支援の特徴について**

　さらに、解説では「知的障害のある児童生徒の学習上の特性」として以下
を指摘しています。「**学習によって得た知識や技能が断片的になりやすく，
実際の生活の場面の中で生かすことが難しい**ことが挙げられる。そのため，
実際の生活場面に即しながら，繰り返して学習することにより，必要な知識
や技能等を身に付けられるようにする継続的，段階的な指導が重要となる。
児童生徒が**一度身に付けた知識や技能等**は，着実に実行されることが多い。
また，成功経験が少ないことなどにより，主体的に活動に取り組む意欲が十

分に育っていないことが多い。そのため，学習の過程では，児童生徒が頑張っているところやできたところを細かく認めたり，称賛したりすることで，児童生徒の**自信や主体的に取り組む意欲を育むこと**が重要となる。更に，**抽象的な内容の指導よりも，実際的な生活場面の中で，具体的に思考や判断，表現できるようにする指導が効果的である**」（太字筆者）との記述もあります。

　引用の太字部分は、第Ⅰ章での娘の様子や本書で触れたこれまでの内容が極めて簡潔にまとめられていると考えてください。

⑷ 「知的障害のある児童生徒の教育的対応の基本」10ヶ条

　さらに、知的障害という困難性を踏まえた教育的対応の基本として、以下の10のポイントが解説には示されています。

---

(1) 特別支援学校小学部・中学部学習指導要領第1章第3節の3の（1）のク及び（3）のアの（オ）に示すとおり，児童生徒の知的障害の状態，生活年齢，学習状況や経験等を考慮して教育的ニーズを的確に捉え，育成を目指す資質・能力を明確にし，指導目標を設定するとともに，指導内容のより一層の具体化を図る。

(2) 望ましい社会参加を目指し，日常生活や社会生活に生きて働く知識及び技能，習慣や学びに向かう力が身に付くよう指導する。

(3) 職業教育を重視し，将来の職業生活に必要な基礎的な知識や技能，態度及び人間性等が育つよう指導する。その際に，多様な進路や将来の生活について関わりのある指導内容を組織する。

(4) 生活の課題に沿った多様な生活経験を通して，日々の生活の質が高まるよう指導するとともに，よりよく生活を工夫していこうとする意欲が育つよう指導する。

(5) 自発的な活動を大切にし，主体的な活動を促すようにしながら，課題を解決しようとする思考力，判断力，表現力等を育むよう指導する。

---

(6) 児童生徒が，自ら見通しをもって主体的に行動できるよう，日課や学習環境などを分かりやすくし，規則的でまとまりのある学校生活が送れるようにする。

(7) 生活に結びついた具体的な活動を学習活動の中心に据え，実際的な状況下で指導するとともに，できる限り児童生徒の成功経験を豊富にする。

(8) 児童生徒の興味や関心，得意な面に着目し，教材・教具，補助用具やジグ等を工夫するとともに，目的が達成しやすいように，段階的な指導を行うなどして，児童生徒の学習活動への意欲が育つよう指導する。

(9) 児童生徒一人一人が集団において役割が得られるよう工夫し，その活動を遂行できるようにするとともに，活動後には充実感や達成感，自己肯定感が得られるように指導する。

(10) 児童生徒一人一人の発達の側面に着目し，意欲や意思，情緒の不安定さなどの課題に応じるとともに，児童生徒の生活年齢に即した指導を徹底する。

　第Ⅰ章や本書の冒頭から触れてきた内容が正に「10ヶ条」として整理されています。この「教育的対応の基本」に基づき、実際の授業づくりを行うことになります。

3　知的障害教育の授業づくりの特色

(1)　「教育方法」＝授業づくりへの着目

　通常の教育の場合、関係法令と学習指導要領（解説）で「教育目標」「教育内容」を示した後の具体的な「教育方法」＝授業づくりに関しては、「教科書」「指導書」に基づく教師の工夫に委ねられています。ですから、教科書と指導書を基に授業を時数分をこなしていけば「教育目標」「教育内容」

が達成・習得されると考えます。

では、特別支援学校学習指導要領（各教科の解説）では、どうなっているでしょうか。視覚障害、聴覚障害、肢体不自由、病弱の場合は、それぞれの障害に応じた教育方法上の一般的な配慮点に触れていますが、基本は小学校等の学習指導要領に準じることになります。しかし、知的障害教育の場合には、事情が異なります。先の10ヶ条に象徴されるように、知的障害教育では「生活」を大切にする姿勢が鮮明に示されています。つまり、知的障害教育では教育目標＝「自立的・主体的な姿・生活」の実現と、教育内容＝知的障害独自に設定された自立と社会参加を目指す各教科を示した上で、さらに、「教育方法」＝授業づくりについても言及しています。そこでは、知的障害の困難性やそれを踏まえた生活を中心とする教育の意義とその授業づくりの特徴が解説されています。それだけ知的障害教育が大事にされているとも言えます。ここでは、その代表的な二つを取り上げます。

⑵ 「教科別の指導」の検討

① 「教科別の指導」とは？

解説には「教科ごとの時間を設けて指導を行う場合は，『教科別の指導』と呼ばれている」とあります。しかし、読者の中には「えっ⁉」と、この記述に大変な違和感を覚える方もいるはずです。……通常の学校で教員経験のある方、あるいは、私たちの子どもの頃を素直に思い出しても「教科別に教えて当然ではないのか？　どうしてわざわざこのような呼び方をするのか……」という疑問です。

それは冒頭の拙い実践例「焼きそばとお好み焼き」の例に象徴されます。知的障害教育では、教科別に分けるのではなく「生活」そのものの学習効果を認めて、それを大切にする伝統があるからなのです。知的障害教育は「学校での生活を基盤として、学習や生活の流れに即して学んでいくことが効果的である」（解説）ため「各教科に別々に分けずに」展開してきた歴史的な経過があります。つまり、「教育目標」に対して、「教育内容」を各教科で示すという通常の教育の構造に準じて、「知的障害教育」でも「教育内容」と

して各教科を示しています。しかし、「実際の授業づくり」の段階では、生活を中心にすることを前提に「教科別」に指導しても、「各教科等を合わせて」も構わないと解説しているのです。ですから、あえて、「各教科を別々に分けて」授業をする場合にはそれを「教科別の指導」と呼びましょうと示しているのです。

②「教科別の指導」も生活中心で！

　繰り返しになりますが、「教科別の指導」であっても「なぜ」「何のために」という「生活上の目的や意義」を子どもに説明できない授業は NG です。「教科別の指導」に関心のある読者は必ず『各教科等編』（解説）第4章「知的障害者である児童生徒に対する教育を行う特別支援学校の各教科」を確認してください。

> 　「教科別」に指導する場合でも、「**生活に即した活動を十分に取り入れつつ学んでいることの目的や意義が理解できる**よう段階的に指導する必要がある。**」**（解説・太字筆者）

　実際の授業における配慮事項として、「生活に結び付く」「実際の生活に生かす」「実際的な状況下」「日常生活」「社会生活」「職業生活」等の言葉が頻出します。つまり、教科別に授業をする場合にも、子どもがその学びの意味を実感し「生活」に生かすことができることが求められているのです。「**教科別の指導」であっても、知的障害教育は生活を中心に展開される**ということです。

　筆者は21年間、知的障害特別支援学校（当時は養護学校）に勤務経験があります。実は、「焼きそばとお好み焼き」の実践の後に、「教科」の指導やその自己研修にもかなりの時間をかけ、こだわってきた実践経験をもっています。しかし、筆者の力不足もあり、納得のいく成果を上げることができませんでした。つまり、その子どもの自立に結び付く充実した時間になっていたかどうか……という点では大きな疑問が常につきまといました。

筆者には難しかったのですが、「教科別の指導」を徹底して追求し、正に、「生活に即した活動を十分に取り入れつつ学んでいることの目的や意義が理解できる」ようにしながら、その成果を上げている先達も多くいます。「教科別の指導」を展開する場合も、「生活」という視点を決して外すことなく、その実践を追求していただければと思います。

③「教科別の指導」のよりよい展開

　もちろん、「教科別の指導」が必要な子どももいるでしょう。その子どもに必要性があり、責任ある実践として展開可能と判断するならば、実施すべきです。ただし、「教科別の指導」の授業で、最も間違いが少なく、最も実のある展開の仕方は、各教科等を合わせた指導と関連付ける方法です。それは解説でも示されています。例えば、生活単元学習で展開する「焼きそば・お好み焼き」のお店の招待状を国語の時間に作成するなどです。つまり、**その教科を「なぜ」「何のために」やるのかを子どもに説明するつもりで発想**します。今現在展開されている生活（生活単元学習や作業学習等）から離れることなく、むしろその生活を中心にすることで子どもの「分かりやすさ」が増し、子どもの取り組みはより自立的・主体的になります。結果として、「教科別の指導」の効果を高めることになります。

⑶　「各教科等を合わせた指導」の有効性

①知的障害教育における授業スタンダード

　「各教科等を合わせて指導を行う場合とは，各教科，道徳科，特別活動，自立活動及び小学部においては外国語活動の一部又は全部を合わせて指導を行うことをいう。…（中略）…知的障害者である児童生徒に対する教育を行う特別支援学校においては，児童生徒の**学校での生活を基盤として，学習や生活の流れに即して学んでいくことが効果的である**ことから，従前から，日常生活の指導，遊びの指導，生活単元学習，作業学習などとして実践されてきており，それらは「各教科等を合わせた指導」と呼ばれている」（解説・太字筆者）と定義されています。

　さらに、解説（総則編第3編第2章第9節　学校教育法施行規則に規定さ

れている教育課程等の取扱い）には、各教科を合わせる場合、「各教科を並列的に指導するより，各教科に含まれる教科内容を一定の中心的な題材等に有機的に統合し，総合的な指導を進める方がより効果的な学習となり得る」とし、さらに、領域等も合わせる場合には、「一層効果の上がる授業をすることができる」場合も考えられるとしています。

　……これは考えてみれば、大変な記述です。**各教科等を「教育内容」として示しつつ、「教育方法」＝実際の授業づくりの段階では「各教科等を合わせた指導」の方が「効果的」になることがある**と記載しているのです。

　すでに触れてきましたが、知的障害のある子どもたちはその障害ゆえ様々に大きな制約をうけます。そのため，学習の意味やその必要性を実生活の中で実感できる機会そのものが極めて少なくなります。私たちの偉大な先達が到達した知的障害教育における**「教育方法」＝授業づくりの大逆転の発想**は以下です。

○知的障害教育では、「各教科を並列的に指導」し、その「学習活動の成果を生きる力として実生活に般化させる」という（これまでの）通常の教育の発想は採用しない。

○知的障害教育では、「実生活そのものを学習活動にして生きる力そのものを育む」という生活を中心とする大逆転の発想による授業づくりが基本であり、「効果的」である。

　それは、拙い例ですが「焼きそばとお好み焼きづくり」を取り上げたことに象徴されます。「焼きそばとお好み焼きを自分たちで作って、食べて、さらに、お客さんにも食べてもらおう」は、「実生活」そのものを「学習活動」として大切にした授業です。学習と生活の一体化という生活を中心とする授業づくりの方法、すなわち、各教科等を合わせた指導が知的障害教育における授業スタンダードなのです。後章では、「遊びの指導」「生活単元学習」「作業学習」を取り上げます。

②寄せ集めにしない！

　「各教科等を合わせた指導」という名称ですので、「各教科等」を文字通りに「合わせる」と誤解されることがあります。これは通常の教育に形式をあわせる形で「教育内容」を各教科等に分けて示しているため、それらを「合わせる」と言っているのです。実際の授業づくりの段階で「国語の〜と、算数の〜を合わせて……」という発想をしなさいということではありません。それは生活単元学習の定義で「単元は、**実際の生活から発展**し、児童生徒の知的障害の状態や生活年齢等及び興味や関心を踏まえたもの…」（太字筆者）との解説に象徴されます。

　仮に、各教科等を寄せ集めて発想すれば、それはまがい物の生活になってしまいます。私たちの日々の生活の中で「この部分は、国語の〜で、この部分は算数の〜で……」と過ごしている読者は皆無のはずです。これでは「生活」でありません……。「実際の生活から発展」するからこそ、「本物の教育力」を発揮するのです。「教育だからこそ本物の生活にこだわる」のです。

　先ほどの「焼きそばとお好み焼き」の実践も、「職業・家庭」の調理、「数学」の計算、「国語」「自立活動」でコミュニケーション等々と寄せ集めて「合わせた」わけではありません。あくまでも出発点は「給食メニューの焼きそば」を子どもたちが大好きだったこと、そして、「お好み焼きの話題」で盛り上がったこと……正に、そのような子どもの実際の生活の中にある興味関心でした。だからこそ、とても盛り上がり「自立的・主体的な姿・生活」が実現したのです。

③焼きそば・お好み焼きとサプリメント

　「各教科等を合わせた指導」と「領域別・教科別等の指導」は、ある料理とその食材に含まれる栄養素との関係にたとえられます。例えば、先の「焼きそばとお好み焼き」で考えてみましょう。目的は —— 科学的に言えば —— 焼きそば・お好み焼き一人前のカロリー・栄養素を摂取することです。

　つまり、焼きそば・お好み焼き一人前を食べる場合とそこに含まれる栄養成分を抽出して摂取する場合をイメージしてみてください。栄養成分を抽出

すると、タンパク質、脂質、炭水化物、カルシウム、鉄分、ビタミンA・B・C、食物繊維、水分……という感じでしょうか？　これらを錠剤や粉のサプリメントとして摂取可能とします。焼きそば・お好み焼きとして食べても、錠剤や粉のサプリメントとして摂取しても、結果として、体内に吸収するカロリーや栄養は変わらないとします。

　さて、読者のみなさんは —— 知的障害のある子どもならばなお —— どちらを選びますか？　答えは明らかですよね！　焼きそば・お好み焼きとして＝「各教科等を合わせた指導」として食べる方がはるかに食欲がわくことが分かります。支援する私たち教師の視点でも、子どもたちに錠剤や粉を無理矢理飲ませようとするよりも、「焼きそばとお好み焼き、おいしいねー！」と勧める方がはるかに支援しやすいことが分かります。

　「実生活」は全ての教科等の「要素」を「使える力」として意味ある形で（＝汎用性のある資質・能力として）包括します。「本物の生活の教育力」に確信を抱きつつ、次章では、学校生活・授業づくりをさらに具体的に検討します。

---

column：ようこそ！　ディズニーランドへ！

　我が家には知的障害のある娘がいる。もう、24歳（当時）になる。父親の繁忙の度合いが高まり、娘と二人での外出はめっきり減っていた。娘が大好きなディズニーランドに行くのも、妻やガイドヘルパーさんに任せきりであった。しかし、この夏、本当に久方ぶりに、娘と二人でディズニーランドへと出かけた。

　ディズニーランドには、障害のある人が利用できる「ゲストアシスタンスカード」（当時）という制度がある。様々なサービスがあるのだが —— 長時間にわたって並ぶことが苦手な娘は —— 指定された時間に行けば、優先的にそのアトラクションを楽しめるこのサービスを利用した。本人と家族（あるいは、ガイドヘルパー）にとっては大変ありがたい制度である。

指定時間に、希望するアトラクションの入り口に行くと、「ようこそ、○○へ！この場所で、お待ち下さい」「こちらです。この黄色い線のところでお待ち下さい。」……スタッフは明確に、しかも、温かく誘導してくれた。

　しかし、最も感銘を受けたことは、スタッフが一貫して、しかも徹底して、まず、娘本人に語りかける点にあった。その上で、父親である筆者に念押しするようにしていた。

　残念ながら、その方の誠意に娘が適切に応えていたかというと心許ないが、それでもなお、一貫して、娘に語りかけてくれた。乗り込んだトロッコが発車するまで、笑顔で手を振って、丁寧に見送ってくれた。

　サービス産業としてのディズニーランドのすごみは、至る所で語り尽くされている。もしかしたら、これは、マニュアルどおりの対応であったのかもしれない。仮に、マニュアルどおりの対応であったとしよう。しかし、その支援の質は、「特別（スペシャル）」を標榜する斯界のそれをはるかにしのぐように思えた。

　「子ども主体」が言われて久しい。振り返って、日々の授業での支援はどうだろうか？……「理解言語が乏しいから、話しても分からない」との理由で有無を言わさず、いきなり手を引いていないだろうか？　子どもが自ら取り組める適切な状況づくりをしない授業を展開しておいて、「障害が重いから……多動傾向が強いから……できない……」と、子どもをおとしめていないだろうか？　ピープルファースト＝障害者である前に人間である！　当たり前のことがないがしろにされている現実はないだろうか？　自分が子どもだったらの目線で、日々の授業とそこでの支援を問い直す必要はないだろうか？

　……結局、この日はこのサービスを３回利用した。いずれのスタッフも、娘に寄り添う姿勢に変わりはなかった。「私はあなたの味方ですよ！　安心して下さい！　側にいますから！」……そんな温かなメッセージが伝わってきた。そして、支えてもらう心地良さ、任せて大丈夫という安心感で —— 大変暑い一日であったのだが —— 心洗われ何ともすがすがしい気持ちになった。

　娘がディズニーランドが大好きな気持ちが分かったような気がする。父親も、「また、行ってみてもいいな！」と本音で思えたのだから。

あの先生の授業をまた受けたい！　楽しみだ！　子どもが本音で期待し、手応えを味わえる会心の授業づくりに力を尽くしたい。（※本コラムは2013年に執筆）

第 **IV** 章

知的障害教育における学校生活・授業づくりの観点

1 子どもを変える発想ではなく、支援を変える発想へ

⑴ 子どもを変える？

　知的障害教育の最終目標である「自立的・主体的な姿・生活」の実現という視点に立ち返りながら、これまでの本書の内容を整理し、学校生活・授業づくりのポイントを確認したいと思います。まずは、以下の公式を思い出してみてください。

> 「自立的・主体的な姿・生活」＝自力（自己の力＋意思）×支援（人・もの）

　「支援」の重要性には繰り返し触れてきましたが、「自力」に全く目を向けなくてもいいのかと言えば、そんなことはありません。とても大切です。例えば、読者の中で「100 メートルを 9 秒台で走りなさい」と言われて走れる人はおそらくいないでしょう（……もちろん、何らかの「支援」機器を足に装着すれば可能かもしれませんが……）。その意味で、持って生まれた能力も含めて、「自力」「個体要因」を無視することはできません。

　知的障害教育にはやはり「（悪いところ？を）治す」「（課題となる部分を）克服する」教育イメージが未だに強くあります。ですから、今現在の「自力」に注目する実践も多く見られます。例えば、様々なチェックリストを用意し、「日常生活力・社会生活能力」「働く力」を分析し、「実態把握」「アセスメント」をするという方法です。しかし、「自力」、すなわち**「支援」**を切

り離したところでの「孤力」＝「個体要因」の把握に、筆者は懐疑的です。娘の様子を見ていても「支援」の違いによって、「自立的・主体的な姿・生活」は、決定的と言えるほど左右されますから……。

　そのことを確認した上で、(「支援」＝学校生活・授業づくりの要因を具体的に検討する前に)「実態把握」「アセスメント」とは何なのか検討しておきたいと思います。

⑵　「自力」とは何か？　「実態」とは何か？

> ○知的能力にかかわる認知や言語などの能力、コミュニケーション力、運動能力、移動・職業・余暇を含む日常生活や社会生活等にかかわる力……
> ○興味関心、できること、性格のよい面……
> ○苦手、不得意、生活上で課題となる面……

　「自力」「個体要因」とは何でしょうか？……いわゆる、「チェックリスト」や「実態票」「アセスメント・シート」と言われるシート類は、これらの部分もしくは「全体像」を可能な限り把握しようと試みます。

　少し横道にそれますが、学習指導案や個別の指導計画等を書くときに、「実態」という言葉を使っていますか？　「実態」という言葉は考えてみれば、とんでもない言葉だと思いませんか？　例えば、「本書の読者の実態」と書けば何をイメージするでしょうか？　仮に「佐藤の実態」と書かれるとしたら、何かスキャンダラスな私生活を暴露されそうでゾッとします。

　先に触れたように、障害にかかわる教育の世界には「障害のある子ども＝悪いところ・弱いところを治す対象」という発想が根強く残っています。ですから、教師本人が「あなたの実態は〜です」と言われることを絶対に望まないにもかかわらず、子どもに対しては平然と「○○の実態」と使い続けていたのです。

　本人主体の時代に入りました。まずは、「実態」という言葉を使うのをや

めましょう。「○○さんの様子」で何の支障もありません。さらに、あわせて確認しますが、子どもを「さん」付けで呼んでください。いわゆる「呼び捨て」は —— どれだけ子どもと教師と保護者の信頼関係があったとしても —— 子ども本人は本音でそれを望んでいるとは思えませんし、それを聞く親の立場でも心地良いものでは決してありません。ご自身のお子さんが呼び捨てにされるシーンを想像してみてください。ちょっとした違和感を覚えるはずです。

⑶ 何をアセスメントするのか？

①支援をアセスメントする？！

「自力」「個体要因」のアセスメントや「実態把握」、すなわち、その子どもの様子の把握が全く必要ないかと言えば、そのようなことは全くありません。先に触れたように、読者で100メートルを9秒台で走れる人はいないはずです。ある子どもに「とても苦手で嫌いな活動」を何の配慮もなく押しつけるとすれば、それは虐待行為です。その意味で、「自力」「個体要因」の把握は紛れもなく重要です。

では、100メートルの世界記録保持者が毎回、毎回、9秒台で走れるかと言えばそうではありません。前日の睡眠や体調、当日の気候……等の生理的要因、シューズやグラウンド（土、砂、芝、ラバータイプ？）等の物理的要因、ライバルや周りの応援等の人的要因も大きいでしょう。さらに大きな要因があります。本書でも繰り返してきた「目標」の存在も絶対的に大きいのではないでしょうか。単なる練習なのか？　賞金が出るのか？　世界選手権予選なのか？　オリンピック本番なのか？……によってもモチベーションに大きな違いがでるはずです。これらの条件の違いは、0.1秒……0.01秒の違いになるはずです。その違いは、100メートル競走の世界では「決定的」とも言える数値です。少なくとも言えることは、**発揮される「自立的・主体的な姿」は、「自力」「個体要因」だけでは測れない**ということです。

知的障害教育の世界は100メートル競走の世界に似ています。「自力＝個体要因」の測定・把握ももちろん大切なのですが —— 様々な条件の違いが

子どもの「自立的・主体的な姿・生活」を大きく変えるということです。ですから、「自力」「個体要因」がどれほど優れていても、かけ合わされる「支援」が悪ければ、結果としての行動はパニックであったり、暴力であったり……して、「問題」行動が多い子どもとして評価されるでしょう。

　つまり、「支援」＝学校生活・授業のアセスメントこそが重要なのだという点をしっかりと確認したいと思います。

②フォーマルなアセスメント

　様々な心理テスト、知能テスト等があります。あるいは、標準化された行動チェックリスト等を活用することをフォーマルなアセスメントと言います。

　全く意味がないとは言えませんが、例えば、私の娘は「心理検査測定不能」という結果になりました。仮に測定できたとして、「支援」に直接結び付く結果が得られるとは限りません。そもそも、**「支援」要因を排除し、「孤力」を測定すること**にこの種のテストの意味合いがあるわけですから……。事実、娘が20歳のときに心理検査をした心理士さんは「一般企業のクリーニング会社に勤めている」ことを伝えると「えっ!?」と声を上げて驚きました。

③インフォーマルなアセスメント

ア、子どもから —— 本人主体の時代です。話せるならば、何気ない会話から、本人の気持ちを聞きます。うまく話せないとしても、思いに寄り添うことを支援の始点にしたいのです。

　　子どものできないこと、弱さ、苦手、不得意に目を向けるのではなく、**共に活動することを通して、できること、よさ、得意、持ち味は何なのか？　何をしたいと願っているのか？　何をしてほしいと願っているのか？　その子どもの思いと立場からのアセスメントを徹底したい**ものです。

イ、保護者から —— 保護者の話や思いに耳を傾けることも重要です。子どもの一番の理解者・支援者が保護者です。子どもの様子に詳しく、その思

いを代弁してくれはずです。アセスメントの大きな力になってくれます。家庭生活、さらには、地域生活の様子を含めて、プライバシーを尊重しつつ、保護者の話には耳を傾けましょう。

⑷　本書が考える「アセスメント」　－子どもの本音に寄り添いながら－

　激しい離席を繰り返し、担任から厳しく叱責されつづけたコラムで触れた小学校1年生の次の一言は、今でも筆者の胸に残っています。それは「ぼくも、みんなみたいに、すわってべんきょうしたい！」でした。客観的には、その子どもが「座る努力」をしているようには全く見えませんでした。その子どものことを何一つ分かっていなかった自分を恥じました……。

　一体、アセスメントとは何でしょう？　着席できない客観的な行動だけを「評価・分析・アセスメント」して、指導を続けていたら……と思うとゾッとします。子どもの本音の思いに寄り添うことなくして、教育・支援は始まりません。「自力」と書いてきましたが、正確には「自力（自己の力・意思）」です。**子どもの本音、生の思いにこそ、目と気持ちを向けたい**と思います。

　この視点を決して外すことなく、「支援」要因＝学校生活・授業づくりを検討したいと思います。そして、子どもが本音で「力を使いたくなる状況」「力を精一杯使うとうまくできる状況」がある学校生活・授業づくりに力を尽くしたいと思います。

　言葉を換えるならば、毎日来て、毎日ずっと続けたくなる手応えあるいい授業を用意して、やり遂げた感覚を味わえる適切な支援を整えることに尽きます。何度も繰り返しますが、使わない力は決して、力として身に付きません。

　本書でのアセスメントとは以下です。

○子どもの本音の思い（ありたい自分、なりたい自分）に寄り添いながら
○「自力」とその測定・把握以上に、支援要因＝学校生活・授業において「力を使いたくなる状況」「力を精一杯使うとうまくできる状況」

になっているか否かの測定・把握を重視する。

○支援要因の適切性・有効性の測定を通して、支援の最適化をめざすこと！

　なお、アセスメントの具体的なポイントは、授業づくりのポイントとして、Ⅳ、Ⅴ章で詳細に検討します。

2 学校観・授業観の転換を！
―「生活化」「単元化」「個別化」という発想―

　公式の中にあるキーワード＝「自力」について検討してきましたので、いよいよ「支援」＝知的障害教育の学校生活・授業づくりを具体的に検討します。そのポイントは、すでに触れてきた内容も整理してキーワードにするならば、「生活化」「単元化」「個別化」の三つになります。この三つを公式に加えると以下になります。

> 「自立的・主体的な姿・生活」の実現
> ＝
> 「自力」×「支援」（学校生活・授業づくり＝
> 「生活化」×「単元化」×「個別化」）

(1) 「生活化」 ―子どもが求める学校とは！―

①子どもの頃を思い出すと……

　子どもの頃を思い出してみてください。運動が得意だった読者はおそらく、運動会の時期は日々の授業時間にも運動会の競技にかかわる練習時間が増えてきて、ワクワクした毎日を過ごした経験があるはずです。学校祭でお化け屋敷を作ったときの学級全体の盛り上がり、お楽しみ会に向けて役割分担して準備した頃……、音楽が得意だった読者は音楽祭や学習発表会の時期が楽しみだったことでしょう。

「今日は楽しかった！ 明日も来るね！ 先生！」と、子どもが本音で求める毎日行きたい学校生活には —— 折々の行事に向けての活動やブームの遊び等 —— 何らかの生活目標があったはずなのです。

②特別支援学校ならば実現できる！

　残念ながら、通常の教育には、その余裕はほとんどないのが現状ですが、特別支援学校ならば「子どもが本音で求める学校」を実現できるのです！「自分が子どもだったらどんな学校生活を求めるのか？」その純粋な思いから教育を出発できる —— それが特別支援学校ならではのよさなのです。毎日行きたい学校にしてください！

　すでに触れましたが、学校は悪いところを治療する病院ではありません！行きたくない学校・学級で力が育ち・力が付くはずがありません！ 毎日行きたくなるからこそ、力が育ち・高まるのです。

　「充実した学校生活と授業」という視点は、何にもまして重要なポイントになりそうです。

〈生活化のポイント〉

○子どもの興味や生活上の関心、もしくは、子どものこれまでの学校生活での経験、生活年齢や時期・季節等を踏まえたときにふさわしいと考えることができる生活であること。

○学習活動そのものが自然で取り組みやすい実際的・具体的な生活活動になっていること。

○自然な生活文脈としての一日の生活（時間割）や一定期間の流れ（日程計画）であること。

⑵　「単元化」という発想＝一定期間の学校生活を一定のテーマでまとめる学校生活へ！

①意欲的に取り組めるテーマを

　これまで生活上の目標という言い方をしてきましたが、以降は「テーマ」

という言い方にします。理由は、「テーマ」という表現の方が生活上の目標だけでなく、その時期の生活全体や実際の活動を包括的にイメージしやすいからです。高校の文化祭や大学の学園祭にはテーマがあるように、通常の教育分野でも行事や遊びをテーマにした活動は組織しています。しかし、教育課程に大きな制約があるのです。一方、特別支援学校には、テーマに関連した活動を一定期間、連続的に、大胆に、思い切り組織できるよさがあるのです。

　テーマで学校生活・授業をまとめることで、子どもは格段に見通しをもちやすくなり、取り組みやすくなります。

②テーマで学校生活をまとめるという発想

　先に触れた「焼きそば・お好み焼き」の活動をテーマでまとめる単元化の観点から再確認するならば、次のようになります。

〈単元化のポイント〉

○楽しく・やりがいあるテーマがある ―― 例えば、「焼きそばとお好み
　焼きを作って食べよう！　お客さんを招待しよう！」。
○テーマに沿ったまとまりのある学校生活が２〜４週間連続する＝力を
　繰り返し使う。
○学校生活の中心的な時間帯（10時〜12時）は、テーマの核となる活
　動（買い物を含む焼きそばとお好み焼きづくりという具体的・実際的
　な生活活動）に取り組む。
○必要があれば、午後の時間もテーマに関連する活動に取り組む（焼き
　そばとお好み焼きの場合は、店構えやポスターづくり、調理の後片付
　け等）。

「焼きそばとお好み焼き」の実践のように、一日中、テーマに沿った活動で授業を組織することも可能なのです。つまり、関連する一連の学習を実際的・具体的な生活活動として「生活化」し、一定の期間の学校生活をその

テーマでまとめ「単元化」します。それにより、「今日は楽しかった！　明日も来るね！　先生！」と本音で言える学校生活づくりを目指します。

③「個別化」の求め−ニーズに応じる教育へ−

　「一人一人のニーズに応じる」「特別な教育的ニーズ」……等の言葉が多用されます。「ニーズ」という言葉自体が個別的なニュアンスを含みます。しかし、子どもたちが楽しく・やりがいのあるテーマと生活を用意することが「ニーズ」に応じる前提要件です。つまり、「学校生活・授業づくり」とは、まず、全ての子どものニーズに応えること、すなわち、子どもの本音の求め＝「今日に満足して、明日を楽しみに待つ生活」（小出進）を用意することに他なりません。そのための必要条件が正に「生活化」と「単元化」になります。しかし、これだけではニーズに応じる十分条件にはなり得ません。

　本章の冒頭で「自力」について検討しました。通常の教育であれば「同じ生活年齢の子どもならば、おおよそ「自力」で、この活動に全員が取り組めるだろう」という想定があります。しかし、知的障害特別支援学校に在籍する子どもは「自力」に大きな幅があります。Ａさん、Ｂさん……それぞれの「自力」に応じて、テーマと生活に即した活動を一人一人に用意することになります。つまり、一人一人をバラバラにして「孤立化」させない「個別化」を徹底することになります。

3　「個別化」の徹底

　先に触れたように、知的障害教育の学校生活・授業づくりでは、まず、子どもたちにとって「楽しく・やりがいのあるテーマとその生活のまとまり」を用意します。**テーマの下で生活を単元化し、斉一化ではない活動の集団化を図ります。**つまり、「なぜ？」「何のために？」「みんなでどんな学校生活を過ごすの？」という子どもの本音の問いに応える学校・学部・学級の責務です。正に、知的障害教育の「基礎的環境整備」と言ってもいいかもれません。

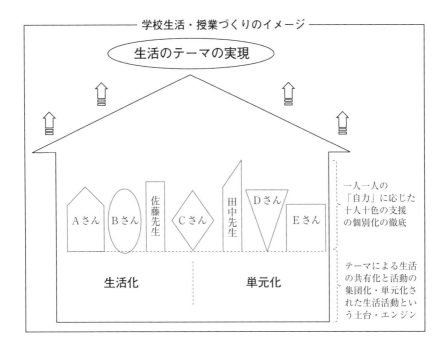

学校生活・授業づくりのイメージ

生活のテーマの実現

Aさん　Bさん　佐藤先生　Cさん　田中先生　Dさん　Eさん

生活化　　　　　　　単元化

一人一人の「自力」に応じた十人十色の支援の個別化の徹底

テーマによる生活の共有化と活動の集団化・単元化された生活活動という土台・エンジン

　その上で、子ども一人一人の「自力」にしっかりと目を向けます。先に触れましたが、一人一人の障害の状態、できること、よさ、得意・不得意は違います。それらにも十分に配慮し、「（自）力を繰り返し使いたくなり・（自）力を精一杯発揮すればやりとげる」ことができる支援の「個別化」を徹底することになるのです。それは活動そのものの工夫、教材、遊具、道具、補助具等をオーダーメイド化することになります。**どの子どももそのテーマをよりよく実現したいという思いを抱いています。それは子どもの権利です。つまり、人権保障としての「合理的配慮」の提供**でもあります。

　「生活化」「単元化」「個別化」というポイントで、学校生活・授業づくりを図にすると上のようになります。その時期の「生活のテーマ」の実現に向けた大きなベクトルをイメージしています。

　一方で、一人一人違います。同じ「自力」はありません。同じ「支援」も

ありません。正に、色や形が違う十人十色の「個別化」を徹底するのです。しかし、それは全く関連のないバラバラの活動に取り組む「孤立化」では決してありません。**教師も含む仲間みんなで同じテーマの実現を目指す大きなベクトルです。**その土台であり、エンジン部分には「生活化」と「単元化」があります。そのベクトルの中でこそ生きる「孤立化」ではない、「教師も含む仲間と共にある個別化」です。その結果、Aさんなりの、Bさんなりの「自立的・主体的な姿・生活」が実現するのです。

4　学校生活・授業づくりの具体化

⑴　学校生活の１年間をイメージする

　「生活化」「単元化」を念頭に置きながら、学校生活の１年間を見通してみましょう。子どもにとって「楽しく・やりがいある」テーマと生活をイメージしていきます。いくつか例示すれば以下のイメージでしょうか。

〈小学部〉	〈中学部・高等部〉
○新入生歓迎会 ○学校探検・学校周辺探検→アスレチックのある公園があれば連日出かける……等、様々な活動への発展。 ○遊びを中心とした単元 ○プールを中心とした単元（関連の活動としてプールで活用できる遊具作り……等） ○運動会 ○校外学習を中心にする単元 ○学校祭に遊び場を設置する単元 ○年末・クリスクスに関連する単元 ○学期末の（学部）発表会→卒業生を送る会への発展……他	○年度当初の保護者会やPTA総会での販売会 ○地域の提携店への納品 ○学期末の地域での販売会（市役所、公民館、地元のスーパー等） ○学園祭での大規模な販売会 ○年末バザール ○地域の大規模ショッピングモールでの年度末の大販売会……他

「どの時期にどんな生活ならば……」「小学部低学年ならば、遊びを中心に様々な活動に……」「高学年ならば遊びや製作を中心に様々な活動に発展させていく……」「中学部・高等部ならば、どの時期にどんなテーマで作業学習に取り組もうか……」というイメージです。正に、その時期の中心となる「生活の核」と言ってもいいでしょう。自立的・主体的な姿を期待できる魅力的な生活です。

　先に「生活化のポイント」としてまとめましたが、発想の観点は、○子どもの興味や生活上の関心というボトムアップ、あるいは、○子どもの生活年齢や季節・時期を踏まえたときにふさわしいと考えることができる（＝子どもならば求めるであろう生活）というトップダウンの発想もあるでしょう。

⑵　時間割作成の原則

①子どもが求める学校の過ごし方は？

　一般的な時間割イメージはどのようなものでしょうか？　例えば時間割を、国語＝赤、算数＝青、理科＝黄……と各教科を色分けして時間割を作成すると、きれいなモザイクができあがります。これを仮に「モザイク状の時間割」と称します。

　さて、常に立ち返るべき始点であり、評価の基準は「今日もやりたい！明日もやりたい！」と子どもが本音で願い「（自）力を繰り返し使いたくなる・（自）力を身に付け高めることができる」学校、すなわち、「子どもが求める理想の学校像」なのです。そう考えると、「モザイク状の時間割」は、いかにも窮屈になりませんか？　子どもが本音で求める活動に、毎日存分に取り組める時間割を思い切り作ってみましょう。

②知的障害のある子どもにとっては？

　知的障害のある子どもの目線では、「モザイク状の時間割」はどのように映るでしょうか？　文字の読みや話し言葉の理解も困難であると仮定すれば、「モザイク状の時間割」は、かなり過ごしにくいに違いありません。朝の会などで、一日の予定を絵カード等を活用し、いくら丁寧に説明したところで、常に、先生の指示が必要になる「受け身の生活」になりかねません。

「自立的・主体的な姿・生活」の実現を目指す知的障害特別支援学校にふさわしい時間割とはとても言えません。

③社会生活の観点から

　私たち大人の働く生活を時間割で示すとどうなるでしょうか？　例えば、月曜日から金曜日までは、6時起床、朝食、準備、7時出勤・移動、8時？学校到着、5時？　退勤……のようなリズムで過ごしますから、かなりシンプルな時間割ができそうです。月曜日から金曜日まで一日8時間働く——これが一般的に求められる社会生活能力ということになります。変形労働時間でないかぎりは、少なくとも、「モザイク状の時間割」にはなりません。

　先ほどのように朝食、準備、移動……と色分けするならば、月曜日から金曜日までが帯のように塗り分けられるはずです。これを「帯状の時間割」と称します。

④帯状の時間割の有効性

　さて、①②③をあわせて帯状の時間割の意義を考えてみましょう。

〈帯状の時間割〉
「合わせた指導」中心の帯状時間割の例

	月	火	水	木	金
9:00	登校・朝の準備・着替え				
	朝の運動（自立活動） 朝の会				
10:00					
	作業学習／生活単元学習				
12:00					
13:00	昼　食 昼休み				
	サークル活動 （総合的な学習の時間）			生徒会	
14:00					
15:00	清掃・着替え・帰りの会				

〈モザイク状の時間割〉
「教科別の指導」中心の時間割の例

	月	火	水	木	金
9:00	登校・朝の準備・着替え				
	朝の運動（自立活動） 朝の会				
10:00	国語	数学	総合	美術	作業学習
	数学	国語	総合	職業家庭	
12:00	昼　食 昼休み				
13:00	音楽	体育	総合	生活単元	生徒会
14:00					
15:00	清掃・着替え・帰りの会				

○子ども本来の求め —— 楽しく・やりがいある活動を毎日やりたい！
という思いを実現しやすい。

○時間的な見通しのもちやすさと安心感 —— 知的障害の困難性を補う
ことができる。

○将来の働く生活に結び付く —— 働く生活に近い自然なリズムを学校
時代から体感できる。

　自立と社会参加を目指す知的障害特別支援学校ならば、当然、無理なく自
然に社会への移行が可能になる時間割を志向すべきです。さらに、学校生活
の中心部分（10時〜12時を中心とした時間帯）に、その時期に子どもが自
分から取り組みたくなるテーマとその活動が位置づけられ、子どもたちが毎
日連続的に取り組めるようにします。つまり、**帯状に生活することが自然な
生活であり、最も「自立的・主体的な姿・生活」が実現しやすい時間割**とい
えるでしょう。

(3)　**単元・授業の具体的な中身を徹底検討する！**

○テーマに基づいて単元化された生活を年間の適時適切な時期に配列す
る。

○毎日、連続して取り組みたくなる魅力的なテーマで、約3〜4週間の
学校生活を整える。

○テーマの中心となる活動を一日の学校生活の中で最も過ごしやすい時
間帯（10時〜12時）に、　毎日帯状に位置づける。

　以上で、学校生活の大きなフレームワークは整いました。しかし、その中
身はまだありません。「生活化」「単元化」「個別化」と言っても、そこには
確認すべき具体的なポイントがさらにありそうです。次章以降、子どもが毎
日毎日繰り返し力を使いたくなり、精一杯使うとうまく取り組める授業にす
るための方法を具体的に検討したいと思います。小学部の教育課程の核とし

て、「遊びを中心とした生活単元学習」を徹底検討します。次に、中学部・高等部の教育課程の核として、「作業学習」を徹底検討します。

⑷ 「自立的・主体的な姿・生活」を最終目標に！

　本章では、学校生活の全体像を描いてみました。描かれた学校生活の最終目標は、学校教育法にある「自立」＝（卒業後の生活を含む）「自立的・主体的な姿・生活」の実現です。特別支援学校の全ての教育活動はそこに集約されます。教育課程の核として「遊びを中心とした生活単元学習」と「作業学習」は、その「自立」に向けた強力なベクトルになります。

　身体と頭を精一杯使って楽しむ「遊び」は、人間の諸能力が正に「合わさって」発揮されます。子どもは楽しい遊びを通してこそ、身体的・認知的・感覚的な諸能力をフル回転させ、自分から自分の力を繰り返し精一杯使います。たがらこそ、結果として、力が付くのです。

　働く活動も遊びと同様です。働く力は、身体的・認知的・感覚的な人間の諸能力が「合わさって」発揮されます。本当にやりがいのある作業学習では、子どもはその力を自分から繰り返し使うことになります。その結果として、働く力を高めます。

　小学部から高等部へのこの連続的な生活の流れが、自然に卒業後の働く生活に移行していくことになります。個別の教育支援計画や移行支援計画が強調されますが、大切なのはその核となる日々の学校生活です。その核となるべき教育活動こそが、小学部の「遊びを中心とした生活単元学習」と中・高等部の「作業学習」なのです。

column：「型無し」「型通り」「型破り」

　芸道の要諦は「型」を身に付けることとされる。「型」は、芸が成立するための「基礎」「基本」であり、結果として、その型に芸の神髄や魂が宿っていく。それなくして芸で身を立てることはできないとされ、それゆえ、型を身に付けるための錬磨こそが芸「道」とされるのだ。

「型通り」とは、いかにも、蔑んだニュアンスを含む。しかし、「型通り」の基礎的技芸の修得を経た後に、名人芸と言われる至高の高みに至り、さらには、「型破り」とも言える独創的・跳躍的世界を生み出すこととなる。それも「型」という「基礎」「基本」とその精神あってのことである。

　否、いわゆる「型破り」の象徴とも言える現代音楽や美術などのアバンギャルドな芸術にさえ、伝統芸術の概念や方法が見いだせるとされる所以である。

　故立川談志師匠が語った「型ができていない者が芝居をすると型無しになる。メチャクチャだ。型がしっかりした奴がオリジナリティを押し出せば型破りになれる」とは、至極名言であろう。

　一見すると「型破り」に見える斬新な概念や方法も、「型通り」の根本抜きでは、ただの「型無し」と堕する。「型破り」と「型無し」── その曖昧に見える境界には危ういほどの深淵が横たわる。

　転じて、斯界：知的障害教育の「型」とはなんであろうか？　言うまでもなく、それは学習指導要領解説（知的障害教育）に詳述される生活を大切にする教育理念と「各教科等を合わせた指導」重視の方法論である。これこそが、知的障害教育が積み上げてきた不易の本質であり、正に、「型」である。

　昨今、自閉症教育への関心の高まりから、欧米も含む様々な概念や方法が紹介されている。それらは一見、「型破り」でさえあり、目新しく新鮮みを帯びて我々に迫る。それらの導入を競うかのような知的障害特別支援学校もある。

　しかし、さて、果たして、それら緒論・技法が、単なる「型無し」教育に堕するのか、あるいは、「型破り」な知的障害教育として創造的発展を遂げるのか？　その成否は、正に、「型」の修得にかかっていると思うのだが、いかがだろうか？

徹底検討　小学部「(遊びを中心とした）生活単元学習」の授業づくり

1　小学部の学校生活づくり

⑴　小学部で目指すこと

①小学部での育ちのイメージ

> 　「休日なのにカバンを用意して登校しようとしてました！」等の保護者からのうれしい報告が届くような、楽しく・やりがいある学校生活を目指す。

　学習指導要領において小学部はどのようにイメージされているのでしょうか。各教科を解説する箇所に若干の記述がありますので確認してみましょう。小学部１段階では、「児童が体験し，事物に気付き注意を向けたり，関心や興味をもったりすることや，基本的な行動の一つ一つを着実に身に付けたりすることをねらいとする」とし、２段階では「目的をもった遊びや行動をとったり，児童が基本的な行動を身に付けることをねらいとする」、さらに、３段階では「児童が自ら場面や順序などの様子に気付いたり，主体的に活動に取り組んだりしながら，社会生活につながる行動を身に付けることをねらいとする」内容を教科で示しているとしています。

　小学部では、興味関心をベースにしながら、遊びや行動を広げ、主体的に取り組み、社会生活の基盤となる力を育むことがイメージされています。

〈知的障害教育の場合〉

乳幼児期の生活	学校中心の生活	社会生活・職業生活
未分化で総合的な 遊びと生活が 中心の世界	乳幼児期の 遊びと生活が中心の世界を 受け継ぎつつ、自然に、 社会生活・職業生活に 結び付ける	未分化で総合的な 家庭・社会・職業生活 中心の世界

　正に、第Ⅱ章にあった図（上図）のイメージであることがよく分かります。幼児期の遊びを中心とした生活を自然に移行させる形で、小学部ではさらに充実・発展させます。子どもにとって魅力的なテーマに沿ったまとまりのある生活を時期ごとに計画し、毎日行きたい学校にします。その活動に向けて自分の力を自分から繰り返し使い・力を精一杯発揮するとうまくできる毎日にすることで、その力が自然に働く力に移行します。小学生らしい「自立的・主体的な姿・生活」の実現に向けて、小学部の学校生活・授業づくりを徹底検討しましょう。

②各教科等を合わせた指導にこだわって

　「各教科等を合わせた指導」の取り組みやすさはすでに触れてきたとおりです。生活経験そのものが少なく、幼児期の遊び中心の生活を過ごしてきた子どもたちにとっては、そのよさが格段に発揮されやすいと考えます。「自立的・主体的な姿・生活」を実現しやすいと言い換えることもできます。本章では、小学部の生活の中心として「遊びの指導」「生活単元学習」を取り上げます。なお、本章での「遊びの指導」は、教育課程上の「遊びを中心とした生活単元学習」と同義と考えてください。つまり、時間割に「生活単元学習」と位置づけ、年間を通して展開される単元のいくつかが「遊びを中心に」展開されると考えてください。

　解説では生活単元学習について「**児童生徒が生活上の目標を達成したり，課題を解決**したりするために，一連の活動を組織的・体系的に経験することによって，**自立や社会参加**のために必要な事柄を**実際的・総合的に学習**する

ものである」（太字筆者）と示されています。知的障害教育を象徴する指導法です。「自立的・主体的な姿・生活」の実現を念頭に、生活上の目標や課題解決を掲げて、実際的・総合的に学習するのです。具体的な単元イメージは以下のような内容になります。

⑵　生活単元学習の魅力とは？　― 自分が子どもだったらの思いで創る ―

　何を生活の目標・テーマにするのか？　どのような毎日の生活にしたいのか？　子どもたちのこれまでの日々の様子を十分に踏まえながら、自分が子どもだったらの思いで発想し、創り上げます。

①思い切り遊んでみる！

　プレイルームで遊ぶ？　体育館で？　グラウンドの遊具で？　グラウンドの木立で？　もっと楽しく遊ぶためにはどうする？　もっと盛り上げるために遊ぶ道具を増やす？　Aさんがさらに楽しく遊ぶためには？　Bさんが一人でもあの遊具で遊ぶためには？　Cさんも一緒に乗れるようにするには？……より「自立的・主体的な姿・生活」を思い描いて、様々な「より楽しくなる」工夫をします。

②本気で作ってみる！

　作って食べてみる？　レストランに負けないぐらいおいしく！　材料の買い出しは？　最後はパーティーにする？　会場装飾は？　野菜ならば育ててみる？　野外調理は？　この際、調理場も作ってしまう？　椅子やテーブルも？　友達や先生を招待する？　招待状は？……調理学習であっても「生活の広がり・高まり・深まり」を大切にすれば様々なアイデアが生まれます。

　学校祭でゲームコーナーを作ってみる？　まずは、自分たちで繰り返し遊んで、ゲームマスターになろう。当日は受付やエスコート役になって、お客さんに楽しんでもらおう。

　あるいは、作った物を自分たちで使ってみる？　校内に飾ってみる？　地域の方々に使ってもらう？　プレゼントしてみる？　市販品に負けない本物を作って売ってみる？……より「自立的・主体的な姿・生活」を期待して、生活の充実と発展を図ります。

③校外に出かけてみる！

　どこに行く？　何をする？……近くのアスレチックのある公園に毎日、出かけて遊ぶということもあるでしょうし、少し遠出ということも？……だとしたら、どうやって行く？　歩いて？　電車で？　お金はいくらかかる？　時間はどれぐらいかかる？　お昼は何を食べる？　泊まってみる？　出かける途中にも様々な学びはあります。あるいは、ディズニーランドに行くことを目標にみんなで必死になって売れる物作りをしたり、色々調べたりしたら……と、ちょっと考えただけでも様々な学習が結果として含まれ、展開できそうです。

④全校行事・学部行事・学級行事で、子ども主体を徹底してみる！

　企画から当日の運営まで、どこまで子ども主体でできるか？　教師が当たり前のように準備・運営していたことを子どもができないだろうか？　それを突き詰めて考えていくと、様々な生活の展開や発展が考えられます。

⑤生活の自然な流れの追究

　教科の系統性という表現がありますが、生活単元学習は「生活の自然な流れという系統性と発展性」を大切にするのです。2〜4週間の自然な生活の連続と発展です。そして、「自分が子どもだったら」の思いでとことん追求し、徹底すると —— それは限りなくごく自然な活動でありながら —— 極めて学習効果の高い上質な教育活動になるのです。それが生活単元学習です。結果として、子どもが「意欲的」に繰り返し取り組み、学ぶ活動へと昇華していくのです。

　子どもも教師も本音で楽しく・やりがいある生活を共にできる！　生活単元学習の魅力はこの一言に尽きます。以下、「遊びを中心とした生活単元学習」について具体的に検討します。

2 遊びの指導の意義とその要件
─楽しい遊び場のために！─

⑴ 「遊び」を指導する!?

①本気で「遊ぶ」から力を使いたくなる！

　「各教科等を合わせた指導」の一つに「遊びの指導」があります。通常の学級担任をしていた先生方は、この言葉にはかなり戸惑うことが多いようです。「勉強・学習」との対比で使われる言葉が「遊び」ですので、「遊びを指導するとは……？」となります。

　小学部では本気で「遊ぶ」ことが「勉強・学習」なのです。すでに触れてきたように、子どもが自分から繰り返し繰り返し力を使いたくなる状況と力を精一杯発揮するとうまくできる状況をつくることがこの教育の要点です。特に幼児期や小学部期の知的障害のある子どもに、そのような状況を用意するとなれば、「遊び」がその中心に位置付くことになります。「遊びを学習活動の中心に据えて取り組み，身体活動を活発にし，仲間とのかかわりを促し，意欲的な活動を育み，心身の発達を促していくものである」と解説にあるとおりです。

②「遊ぶ」こと自体が目的！

　誤解をさけるために、大事な確認をします。それは、**遊びの目的はコミュニケーション力の育成**……等で、「遊び」を手段にする授業が「（遊びを中心にした）生活単元学習」ではありません。何かの力を付けるために遊ぶ子どもはいません！　今ある力をやりくりしながら、**本気で遊ぶから、結果として、本物の力が付く**のです。

> 楽しい「遊び」そのものが目的であり、内容であり、方法となる。

⑵ 知的障害のある子どもが本気で「遊ぶ」ために

　実際に取り組んでみると分かりますが、知的障害の状態の重い子どもが本気で遊ぶ姿＝自分から繰り返し力を使う姿を実現することは、決して簡単な

ことではありません。例えば、砂場遊びをイメージしてみましょう。障害の
ない子どもならば、シャベルとバケツがあれば（否、ない場合でも）一人で
もかなりの時間遊ぶでしょう。しかし、知的障害がある場合は、どうでしょ
うか？　砂場に行って「さあー遊んで！」と言っても、簡単には遊べない困
難さがあるのです。その子どもを前にして「障害の重い子ども！」と決めつ
けてはいけません。

　プロの腕前はここから試されます！　知的障害のある子どもが本気で「遊
ぶ」ためには、どんな遊び場がいいのか？　どんな遊具がいいのか？　どん
な遊び道具がいいのか？　どんな遊び方がいいのか？　どんなかかわり方が
いいのか？……考え尽くし、事前の準備を尽くすことになるのです。

⑶　**ディズニーランドとフィールドアスレチックに学んで！**

　筆者は「遊びを中心とした生活単元学習」の一番のヒントはディズニーラ
ンドとフィールドアスレチックにあると思っています。この二つの「よさ」
を味わい・考え尽くして単元の発想に生かすべきだと思っています。

①ディズニーランドのよさ

　大人でもひきつけられるテーマパークの一つにディズニーランドがありま
す。リピーター率の高さでも有名です。すべる、落ちる、まわる、激しく揺
れる・ゆったり揺れる（上下左右前後斜め）……各アトラクションのおもし
ろさがあります。正に、遊具の定番である滑り台とブランコの独特の感覚的
な刺激に加えて、少しの恐怖感や不安感、そして、にじみ出るような期待感
が「スリルと迫力満点」のアトラクションとして凝縮されています。

　さらに重要な点は、パーク全体はレストランや休憩ゾーン等も含めていく
つかのまとまりのあるエリアとして配置され、シンボルとなるシンデレラ城
を中心にディズニー（キャラクター）イメージで包括され・一体化していま
す。加えて言えば、ハロウィーンやクリスマス等の季節に応じたテーマ性も
大切にしています。パーク内の各エリア・アトラクションをめぐりながら正
に、「自立的・主体的な姿」で遊ぶことになります。このイメージをまず確
認してください。

②フィールドアスレチックのよさ

　一方、フィールドアスレチックにも様々な遊具があります。登る（はしご、なわ、階段……）、すべる（高さ、長さ、幅、カーブ、素材……の変化）、渡る（丸太、角材、橋、ロープ……）、つかまる、飛ぶ・跳ねる……いくつもの遊具があります。子ども（大人も）を惹きつける基本要素はディズニーランドと同様に滑り台とブランコの独特の感覚的な刺激でしょう。

　あえて、違いを強調すればフィールドアスレチックの場合には、手足身体全体を使い、さらに遊具のクリアのためにはどう手足を動かすのかも含めて頭と身体をフル回転させて考え尽くしながらチャレンジすることでしょうか。その結果、様々な力を使い、やり遂げて、最終的には、爽快感と心地良さを手にするおもしろさがあります。

③子どもが本音でリピーターになりチャレンジする遊び場！

　筆者はこれら両者の発想が ── もちろんスケールは全く違うのですが ── 知的障害教育における遊びの必要条件と考えています。つまり、「力を使いたくなる状況」が用意されていると言えます。しかし、十分ではありません。十分条件となるためには、**「力を精一杯使うとうまくできる状況」が一人一人に用意される必要**があります。これは後ほど詳細に検討します。

　楽しく・ワクワクするイメージがあり自分からチャレンジしたくなり（＝力を使いたくなり）、自分からチャレンジすれば（＝力を精一杯使うと）、やりがいと手応えを手にすることができます。そして、様々な感覚器官の揺さぶりや爽快感を得ることもでき、満足感と心地良さを味わうことができる（＝うまくできる）、そして、何度も何度もチャレンジする！　その結果として、力が付く！　これが本物の遊びです。

⑷　単元「忍者村で遊ぼう！」

　学校に行ったら毎日この遊び場で遊びたい！　子どもたちが**本音でリピーターになる＝力を繰り返し使いたくなる遊び場づくり**を目指したいのです。汗をかきながら、**真剣に繰り返し遊ぶ、本気で繰り返し遊ぶから、力が付く**のです。そのための要件を本章では具体的に検討したいと思います。

単元「忍者村で遊ぼう！」の実際 – 具体的なイメージ

忍者のお休み処
＊ままごとセットや
座布団等がある。
隠れ家のイメージ

ステージ上

木の葉隠れの術
＊新聞紙で落ち葉を作ったプール

階段

出入口

スロープ

忍者幅広滑り台

岩石渡り＊ミニトランポリン
とマット　飛びながら、ステー
ジとフロアーを行き来する。

出入口

カラクリ屋敷
＊段ボール迷路で遊び場への
通路ともなる

手裏剣道場
＊手裏剣を使った的当てコーナー

丸太渡り

出入口

　まず遊び場イメージを上の図で確認してください。小学部低中学年部が展開した実際の取り組みをもとに筆者がシンプルにデザインしたものです。体育館ステージとフロアーの３分の１程度を３週間専有して取り組みました。体育館の手前３分の２は中学部や高等部の体育用としてスペースを確保しました。

　手作りの遊具と遊び場の特徴を以下に記します。

○「忍者幅広滑り台」── 子どもと教師５～６人が余裕で滑ることのできる幅。

○「手裏剣道場」── 様々な大きさの手裏剣やボールとそれぞれ違った距離にあるバラエティーに富んだ的がある。子どもの力に応じてチャレンジできる。パチンコのような仕掛けで丸めた新聞紙を飛ばす遊具も設置し、小さな手の動きでも大きな効果が得られる工夫も。時々、悪役に扮した教師も登場。

○「丸太渡り」── 平均台に装飾をして雰囲気づくり。

○「カラクリ屋敷」── 段ボールとパーティションを利用した迷路。這って進む通路も。

○「岩石渡り」── 小さなトランポリンを組み合わせて、ステージからフ

ロアーをジャンプしながら、行き来できる仕掛け。

○「木の葉隠れの術」（ステージ上）── 寝転がると全身が葉っぱで見えなくなる深さ。

○「忍者のお休み処」（ステージ上）── 静かな雰囲気が好きな子ども、ごっこ遊びが好きな子ども、休憩をとりたい子どもへのお茶のサービスも。出入口は囲ってある。

○コスチュームは黒っぽいトレーナーやTシャツで揃えた。

○スタンプを使って装飾した真っ赤な帯や青いバンダナを製作した。招待する友達や保護者の分も製作した。

○授業の終わりの合図は「忍たま乱太郎」のテーマ曲。

　この単元の3週目には保護者を招待して遊んだり、近所の小学校1年生にも声をかけて一緒に遊んだりしました。**小学生を招待した日には、2週間遊び込んだ小学部の子どもたちがリーダーシップを取る本物の交流及び共同学習が成立していたとも言えます。**

　小さな遊び場でしたが、先に触れたディズニーランドやアスレチックのエッセンスは十分に含んでいました。

⑸　遊びこそ本物の力を育む！

　「遊びを通してコミュニケーションの力を育てる」等と、遊びを手段にしません。子どもの本物の遊びをイメージしてください！　コミュニケーションの力を身に付けるために遊んでいた読者はいないはずです。忍者村の子どもたちも同様です。

　子どもが心から願い求める遊びならば、結果として、友達や先生や親とコミュニケーションしたくなります！　心から楽しいから「先生！〜をもっとやりたい！」「〜がうれしかった！」気持ちを表現したくなります！　これこそが、実生活・実社会に汎用する本物で豊かなコミュニケーション力です。つまらなければ、コミュニケーションしたいとは思いません。当然、コミュニケーション力は高まりません。「忍者村で遊ぼう！」の生活を過ごし

ていた時期の、子どもたちのコミュニケーション（したくなる気持ち）の高まりは十分に想像できます。

　遊びそのものがまず楽しく、それ自体が目的であり、遊びそのものが内容であり、遊びそのものが手段となっている状況が大切なのです。その意味で、どのような遊びで、どのような遊び場にするのか——教師のプロの腕が問われることになります。

⑹　遊びを発想する！

　先ほどプロの腕が試されると言いましたが、それほど難しいことか……といえば、そうではありません。むしろ、子どもの本音や子どもの日々の様子への純粋なまなざしこそが一番大切なのです。先ほどの単元「忍者村で遊ぼう！」で考えてみます。この単元の始まりは毎日の「朝の運動」でした。当校では、リズム遊びの要素も含むサーキットトレーニングに取り組んでいました。その際、ある子どもの声をきっかけに『忍たま乱太郎』の主題歌「勇気100％」をBGMとして流しました。すると、忍者のマネをして跳んだり、跳ねたりする子どもや教師が一人二人と増えてきました。サーキットトレーニングが以前よりも盛り上がるようになったのです。正に、生活単元学習の定義にあるとおり、「単元は、**実際の生活から発展し、**児童生徒の知的障害の状態や生活年齢等及び**興味や関心を踏まえたもの……**」（太字筆者）という自然な生活文脈の中から生まれたのが単元「忍者村で遊ぼう！」でした。

　その意味では、**子どもの思いと生活の様子に寄り添う教師の姿勢とまなざしが生み出した生活単元学習**らしい生活単元学習と言えるでしょう。それでは、単元「忍者村で遊ぼう！」を念頭に置きながら、遊びの指導のポイントを具体的・徹底的に考えていきます。

3　子どもの思い・興味関心から！
　　―自分が子どもだったら！―

　夏ならば水で遊びたいでしょう。春や秋のいい季節ならば、戸外で遊びた

いでしょう。自分が子どもだったらの思いで「生活化」に徹して、遊びを「単元化」する醍醐味です。今回の単元は子どもが大好きだったアニメ『忍たま乱太郎』が大きなきっかけになりました。

さあ、本気で忍者遊びをやるとしたらどんな発想が出てくるでしょうか。どんな忍術を駆使した遊びがあるだろうか？　子どもが忍者らしく遊ぶとしたら、どんな仕掛けがあると楽しいだろうか？　教師は子どもになったつもりで、必死で思い巡らせる必要があるでしょう。

つまり、「自分が子どもだったら！」の思いで、子どもに成り代わって楽しく・やりがいある遊びと遊び場＝その時期の生活を構想します。これが遊びの指導の始点です。

○子どもの興味関心やその時点での思い（＊今回は当時ヒットしていたアニメ）
○好きな活動、得意な活動、できそうな活動
○それまでの遊びや体験の発展、あるいは、ドキドキワクワクの全く新奇な活動
○子どもに期待する教師の夢の具体化（もっと〜を頑張ってほしい）

今回の単元では、忍者という子どもらしいイメージで、しかも、忍者のコスチュームで遊んだことも子どもの思いを高めたことでしょう。

4　どんな遊び？　どんな遊具・用具？
―行列のできる遊具作り！―

⑴　子どもを惹きつける感覚器官のゆさぶり！

　子どもの遊びの定番と言えば、滑り台とブランコでしょうか？　これらの遊具がなぜ子どもを惹きつけるかと言えば、人間の感覚器官に直接強く訴えるからでしょう。ディズニーランドのアトラクションやフィールドアスレチックの遊具のポイントもこれに尽きます。滑る、揺れるという揺さぶりで

す。加えて、飛ぶ、まわるのような動きも入るでしょうか。

　水や土や粘土の感覚、水で浮く感覚……これらも子どもを惹きつける大きな要因となるでしょう。鬼ごっこで走る、物を投げたり・押したり、ロープを引いたりして結果として何らかのリアクションがあるというのもいいでしょう。

⑵　遊具が遊びを決定づける！

　どのような遊び・遊具を用意するかは遊びを決定づけます。何度でもやりたい遊び・遊具があるから力を繰り返し使うのです。例えば、滑り台を**繰り返し滑りたい気持ちが高まるから、何らかの形で何回も登る必要**が出てきます。つまり、その度に、**その力を繰り返し使う**ことになります。

　仮に、登り口が混んでいるとするならば、「前に行きたい」という要求を伝えたり、「横入り」したりする場面もあることでしょう。そのような自然な生活文脈こそが、生きたコミュニケーションの指導場面です。そして、「他にも滑りたい友達が順番を待っている」ことに気づく「順番（を待つ）本物の指導」ができるのです。

　そして、「力を精一杯使えばうまく（登ることが）できる状況」を一人一人の子どもに対応して用意します。つまり、徹底した「個別化」です。それにより、スロープ、階段、網、ロッククライミングならぬウッドクライミングなど……様々な登り口が設置され、子どもに応じた様々なチャレンジが生まれるのです。

　以下は、よりよい遊び場作りの具体的な検討ポイントです。

⑶　遊びたくなる・「力を使いたくなる状況」づくり

①遊具の種類を多くする

ア、なじみの遊具と新奇性の高い遊具 ―― 滑り台等の子どもたちになじみの遊具、人気の遊具が単元当初から設置されていることで、子どもたちが自然に無理なく、安心して遊びに入りやすくなる。なじみの遊具での遊びが、さらに深まっていくことになる。その一方で、新奇

性の高い遊具の設置を工夫することで、新しい遊びが広がりやすくなる。

イ、ダイナミック・スリリングな遊具とじっくり・ゆっくり楽しめる遊具 —— 思い切り身体を使って、全身で楽しめる遊具、スピード感あふれる遊具で思い切り遊び込めるようにする。一方で、テーマに沿った遊具であることを前提に、子どもの個性に合わせてじっくりとかかわって楽しめる遊具や空間があることも大切になる（例：「忍者のお休み処」）。

②同一遊具におけるバリエーション

同じ滑り台であっても、その幅、高さ、角度、感触、段差、長さ、色、材質などを変えることで、違った楽しみ方ができる遊具になる。

③遊具のリアクション・感覚

子どもが遊具で遊んだり、操作したりする過程や結果として得られるリアクションを考えることも、遊具検討の観点となる。

ア、滑る感覚（＊滑り台等）、上下・左右・前後に揺れる感覚（＊ブランコ等）、回る感覚

イ、音が出て楽しめる。

ウ、映像などが表れたり、ライティングに変化があったりする。

エ、風が吹いたり、足下に変化があったり触覚的に楽しめる。

④遊び方の工夫と用具（遊び道具）の用意

遊びがより楽しくなるように、また、友達とより楽しめるように、遊び方や用具のあり方を検討する。滑り台を降りたところに、ジャンボクッション積み木やボールプールを用意する。あるいは、滑り台用のマット、毛布、網、クッションなどの道具をテーマに応じて用意することで、滑り台のスピード感、スリルが高まり、また、友達と一緒に取り組む楽しみが増すことになる。

読者の中には「……これほど細かく……！？」と、戸惑われた方もいるか

もしれません。なぜ、ここまで詳細に分析的にするのか……理由は先に触れたとおりです。それぐらい**大胆で、なおかつ、詳細な工夫がないと「自立的・主体的な姿・生活」の実現は難しい**と考えてください。逆に言えば、知的障害のある子どもが汗をかきながら「自立的・主体的に遊ぶ姿」が実現されているとすれば、その支援は正に最適化されていると言っていいでしょう。本章のタイトル通り「徹底検討」が求められているのです。ですから、以降もさらに詳細な検討が続きます。

　なお、実際に展開する際には、一度に全てを配慮することはできません。まずは少し大きめな滑り台をプレイルーム等に製作してみて、子どもの様子を見ながら、少しずつ発展させる構えで十分だと思います。子どもの「もっと遊びたい！」という姿に後押しされて、様々な工夫をしたくなると思います。

⑷　「力を精一杯使うとうまくできる」「繰り返し遊べる」状況づくり

　どのような遊具であっても、自分から遊べなくては、やりたいときに、思い切り楽しむことはできません。遊具の操作のしやすさ、遊びやすさという観点から、どの子も自分から取り組めるように遊具を可能な限り個別化します。具体的には、

> ①遊具の乗り口・降り口、登り口・下り口の高さ、広さ、角度、手すりの設置等を検討する。
> ②高さのある遊具には、スロープ、階段、壁登り、ロープ登り、網登り、はしご登り、岩登り、丸太登り等の中から複数のルートを検討する。

　また、子どもは一つの遊びを繰り返し、慣れることで、しだいに自分から工夫し、変化をつけていきます。一つの遊びの中でも新しい遊びを発見し、発展させていきます。「同じことの繰り返しでは力はつかない」との指摘は本当でしょうか？　むしろ、その真逆で、実は「**同じことの繰り返しだから**

こそ、**自然な工夫や発展が生まれ、汎用性のある力が付く**」のです。

　特に、人気の遊具は、たくさんの子どもたちが集まります。力を繰り返し使うためには、繰り返し大好きな遊具で楽しめるようにする必要があります。

　入り口や登り口を複数用意したり、複数の子どもたちが同時に楽しめたりできるようにします。また、その遊具を複数用意することも検討します。

column：順番を待つ練習？

　「順番を待つ」意義を強調し、遊びの中に意図的に順番を待つ場面を設定することがある。繰り返すが、子どもは遊ぶために遊ぶから力が付くのだ。順番を待つ力を付けるために遊んでいた読者がいるだろうか？　障害があるから、仕方ないのか？　学校の教育活動だから仕方ないのか？　仮に、待たずに次々と遊べるように遊具を設定したとしても、結果として「少し待ったり、がまんしたり、譲ったりする場面」は必ず出てくる。「楽しい遊具でもうすぐ遊べる」という見通しと安心感があるからこそ、待てるようになる。「この遊具で遊びたい友達が（自分以外にも）いる」ことに気づくことになる。**順番を待つ意義を検討する前に、行列のできる人気の遊具作りに心血を注ぐことこそ、まずなすべき我々教師の使命なのだ！**

⑸　仲間と遊べる状況づくり

　社会性を身に付けるために遊ぶ子どもはいません。仲間と遊ぶ方が楽しいからこそ、仲間を誘いたくなるのです。そして、遊びに変化と勢いが出て、より楽しくなるのです。共通のテーマをもち、仲間と遊ぶから、満足感・成就感がより高まります。結果として、社会性も身に付くのです。

　教師が自然に仲立ちとなって一緒に遊ぶことはもとより、遊びを通して、仲間と出会うことが大切です。**仲間と遊ぶ方が断然楽しい遊具・遊び方を検討する必要があるのです。**具体的には、

①並んで滑ったり、競争して滑ったりできる幅の広い滑り台にする。

②一緒に乗れる乗り物・遊具にする。

③多人数で操作することでより大きな結果を楽しめるようにする等、仲間と一緒に遊べる遊具、仲間と一緒に操作できる遊具等の工夫を随所に凝らすことが大切。

⑹ 自閉症の子どもは友達と遊べない!?

　時に、「自閉症の子どもは大集団が苦手だから、自由度の高い遊び場の雰囲気はなじまい」との議論を耳にします。それは本当でしょうか。いつも両手で耳を塞いで自己刺激の声を出していた子どもが自ら手を伸ばして遊具に笑顔で乗ったり、日頃は独りで行動する子どもが教師の仲立ちで友達と滑るようになったりするシーンを何度も見てきました。繰り返しますが、子どもは本音で楽しく・やりがいある遊具や遊びに出会うと自分から力を使い始めます。

　それでもなお、「どうしても苦手な子どもがいるのではないか？」という疑問もあるでしょう。冒頭の「忍者村」を思い出してみてください。その例で言えば、実は、「お休み処」は、どちらかと言えば大集団が苦手な子どもにとってのいわゆる「シェルター」の機能を果たしていました。その遊び場のテーマと子どもの様子に応じて、正に、秘密基地のような閉鎖的なシェルター空間を用意すればいいのです。

　テーマに応じた共有化・集団化を図りながらも、テーマに応じて「個別化」を図りやすいのも「遊びを中心にした生活単元学習」の真骨頂の一つなのです。

5 よりよいテーマを検討する！

⑴ 遊びにテーマとは？

　一定期間の学校生活をまとめるテーマがあることで、一人一人の思いと活

動を焦点化・活発化し、集団としての一体感を高める役割を果たします。一般的な遊び場におけるテーマの象徴的な例は、やはりディズニーランドでしょう。ディズニーキャラクターイメージによって、パーク全体に空間的な一体感ができています。さらには、ハロウィーン等の季節のテーマを設定することでパークイメージにプラスαの期待感をもたせています。ディズニーランドに学ぶことはたくさんあります。「忍者村」の取り組みは正に、忍者をテーマに様々な遊びを発想しました。

(2) 遊びを単元化し、テーマを設定する意義

①一定のテーマに沿って、遊びを一定期間繰り返すことで、子どもが目当てと見通しをもって自分から遊びに取り組みやすくなる。

②一定のテーマの下で、遊具の種類・配置、装飾など遊び場全体が整えられる。結果として、子どもが遊び場をイメージしやすくなり、遊びやすくなる。

③一定のテーマの下で、遊び方や遊具のネーミング、コスチューム、BGM 等が発想される。結果として、子どもが遊び場をイメージしやすくなり、遊びやすくなる。

④共通のテーマでの遊びを繰り返し、存分に遊んだ満足感・成就感を分かち合う中で、仲間との一体化した生活の共有が図りやすくなる。

(3) テーマ設定の観点

　テーマは、その遊びが展開される遊び場の雰囲気、中心となる遊びや遊び方、教師の願いとしての表現でもあります。ただし、はじめにテーマありきではなく、遊びの全体構想をまとめる過程で検討されることもあります。具体的には、以下を大切にして考案されます。

①テーマ設定の観点
ア、子どもの思いを大切にして ── 子どもの楽しみ、期待感がふくら

み、子どもが思わず口ずさみたくなるような魅力的なテーマ

イ、中心的な活動と関連して —— 実際に取り組む遊びの中心となる活動に即して、子どもが意識しやすいテーマ

ウ、どの子も取り組める活動に結び付けて —— テーマに沿った遊びにどの子も楽しみに取り組める、子どもの活動を制約することが少なく包括できるテーマ

エ、仲間と共に取り組む —— どの子どもも共通のテーマをもって、仲間と自然に場や活動を共有化することを期待できるテーマ

②ネーミングの観点

ア、「忍者村」のようなキャラクターイメージ

イ、「ジャングル」「海」等の空間イメージ

ウ、「クルクルワールドで遊ぼう」のような「まわる」「すべる」等の遊び方イメージ

エ、「ドキドキ！ワクワク！わんぱく広場」のような遊び場を包括するイメージ…等

(4) 遊ぶ場所と遊具の配置・雰囲気

　各遊具は、基本的に独立したものであり、それぞれで楽しめるものです。一方で、その配置を工夫し、テーマに沿って、相互に関連し合う状況を意図することで、遊びが盛り上がります。ディズニーランドで次から次と「自分から自分の力で」アトラクションを巡るイメージです。また、パークテーマイメージに沿って、雰囲気が高まるような装飾をしたり、BGM による音響やライティング効果の活用をしたりしています。

　「忍者村」の配置図を改めて確認してください。コンパクトではありますが、正に、巡れる配置になっていることが分かります。いい遊び場だと遊びがよくなります。つまり、自分から自分で「力を使いたくなる状況」ができるのです。さらに言えば、子どもが意欲的に取り組む遊び場では当然、教師も支援しやすくなるのです。

①遊び場の設置場所

　学校環境すべてが、子どもにとって遊び場になる。子どもが自分から遊びに行けるように、単元期間中は固定することが望ましい。利用する空間は、木立、水場、広場、固定遊具群、あるいは、体育館、プレイルーム、音楽室、空き教室等テーマに即して検討する。

②テーマにふさわしい配置や向き

　テーマによっては、核となる遊具を中心に全体を放射状に配置し、行き来しやすくする。逆に、中央の広場、あるいは、核となる遊具に向けて周りからすり鉢状に配置する。また、サーキットの感覚で巡って遊べる配置にする等、テーマにふさわしい配置を検討する。

③遊具相互からの動線への配慮

　全体の雰囲気・呼吸が伝わるような配置、お互いの遊びがお互いの遊びのきっかけになるような力動感あふれる配置を工夫する。そのため、遊び場が見渡せる等、遊具相互からの動線への配慮が必要となる。なじみの遊具と新奇性の高い遊具を交互に配置するなどして遊びの広がりを期待する。

④人気の遊具への通路、登り口の工夫

　幅広滑り台等の人気の遊具には、様々なルート（壁登り、網登り、階段、スロープ、デコボコ道、吊り橋等）を用意し、子どもの力に応じて挑戦できるようにする。

⑤遊具相互の降り口と入り口の配慮

　ある遊具から降りたら、次の遊具の入り口が近くにある配置にすることで、自然で連続的な遊びの広がりを期待する。

⑥遊具相互をつなぐ配慮

　気持ちがとぎれずに、巡って遊べるように、遊具相互をつなぐような役割を果たす遊具、あるいは、通路の設置を工夫する。イメージとしては巡って遊べるサーキットトレーニングの感覚です。

⑦配置の修正

期待以上に遊びが発展しない場合、あるいは、遊びのさらなる高まりを求めて配置や向きを修正することも大切になる。

⑧遊び場の装飾・環境

ア、遊び場内には、テーマイメージに沿って、遊びの雰囲気が高まるような装飾をし、BGM（あえて使用しない場合や終了時刻に曲を切り替える場合も含む）による音響やライティング効果の活用を行う。

イ、遊び場以外では、昇降口、廊下、教室などもテーマに沿った装飾にし、テーマをより身近に感じられるようにする。

　以上、単元化された「遊びの指導」を決定づけるとも言える遊びや遊具、遊び場そのものを検討してきました。子どもが「帰りたくない！　もっと遊びたい！　明日も遊びたい！」と本音で思える遊び場を用意してください。

　ただし、安全第一であることは欠かせない前提です。遊具のデコボコやネジ・クギ等にも十分留意して楽しい遊び場づくりに力を尽くしてください。

6　単元目標（願い）の検討

⑴　「自立的・主体的に遊ぶ姿」をイメージして

　遊びの指導を単元化する過程で、単元の目標（願い）や子どもたち一人一人の目標（願い）が具体化されます。「子どもの実態→つけたい力の検討→活動の検討……」という発想ではなく、充実した現在の生活（＝ここでは、充実した遊び）の中で期待される姿をイメージします。

　ですから、遊びの指導の単元化と単元の目標（願い）と子どもの目標（願い）は、相互に関連し合います。「Ａさんの今の勢いならば、〜を願って、この遊びを！」という発想もあるでしょうし、逆に、「この遊び場ならば、Ａさんには〜のような願いを！」という発想も可能です。いずれにしても、教育目標は「自立」です。ですから、常に、以下の原則に立ち返ります。

その時期の生活・遊びの中での「自立的・主体的な姿」をできるだけ具体的にイメージする。

「コミュニケーションの力を付けるために遊ぶ」という子どもがいるでしょうか？　「順番を待つ力を付けるために遊ぶ」子どもがいるでしょうか？遊びたいから遊ぶのです！　遊びたい遊びでなければ、自分から力を使いません。結果として、力は付きません。遊びの時間ですから、「楽しくめいっぱい遊ぼう！」と言わなければとても失礼な話です。

⑵　子どもの遊び方そのものを目標にして

ディズニーランドとフィールドアスレチックのイメージを絶対に忘れてはいけません。よりよく快適に遊ぶことで、子どもは感覚器官、身体機能、思考機能を十分に使用し、結果的に、それらの発達を促し、様々な力が育まれるのです。

また、仲間と共に遊ぶことで、所属欲求、承認欲求、自尊欲求が満たされ、仲間と生活する意欲が高まります。あわせて、自然な本物のコミュニケーションの機会も得られるでしょう。そのことから、遊びの中で仲間と挑戦し、成し遂げ、満足し、明日への期待感が高まることが何よりも重視されます。次のようなイメージとキーワードで目標（願い）を設定します。

○自分から　○自分の力で　○次々と　○没頭して　○存分に　○繰り返して　○様々な遊び方を工夫して　○様々な遊具を巡って　○友達や教師を誘って　○満足感一杯に　……等

7　単元活動の設定と日程計画・時間割の検討

ここでの実践例の単元活動の中心は遊びです。学校という空間全体を遊びのテーマに沿って整えてみましょう。単元によっては教室や廊下、昇降口も

テーマイメージに沿って整えます。遊びの雰囲気が高まるような装飾を施して、約一ヶ月間を過ごしましょう。これは正に、ディズニーランドの手法・発想なのです。パークに入った途端に、その世界観に吸い込まれるイメージです。知的障害という困難性があるからこそ、徹底して整えてみてください。なお、それら全てを教師の活動で取り組むということではありません。単元の中心的活動は「遊び」ですが、関連する活動として装飾作りに取り組むのです。

⑴ 単元活動と単元期間中の生活の流れ

①単元の迎え方

　単元に入る前から、新しい遊び場のことを話題にし、期待感をもって単元初日を迎える。単元初日は、テーマの特徴・雰囲気が遊び場全体に広がっていたり、なじみの遊具、人気の遊具がすでに設置されていたりするなど、新しい生活への弾みになるようにする。

②単元の展開と発展

ア、作っては遊ぶことを繰り返したり、遊び用具や遊び場の装飾を作ったりしながら、遊びの発展を期待する展開方法もある。昇降口、廊下、教室もテーマイメージに沿った装飾をすることもある。

イ、テーマによっては、あるいは、それまでの子どもたちの遊びの様子を見極めつつ、キャラクターを登場させるなどして遊びの発展を期待する。

ウ、全校集会などで全校の子ども・職員を招待して一緒に遊ぶことで、よりダイナミックな遊びを楽しむ。また、校内放送（テレビ）で遊びの様子を全校に伝えるなどし、校内で話題になるようにし、遊びの雰囲気の高まりを期待する。

エ、単元後半には近くの保育所・幼稚園児、小学生や保護者を招待してより楽しく、また、イニシアチブをとって遊べるようにする。その際、招待状づくりが取り入れられることもある。

オ、期間中は連絡帳だけでなく、単元ニュースや学級だよりで子どもたちの遊びの様子を家庭にも伝え、家庭でも遊びのことが話題になるようにし遊びへの期待感や満足感が高まるようにする。

カ、学園祭等のイベントで行われる遊びの場合には、遊び場のポスターを作ったり、「プレ○○祭」をしたりするなどして期待感を高めるようにする。

キ、学校祭当日には、来場者の受付、案内、あるいは、遊具のセッティングを行う等、子どもに応じた発展的な活動も用意する。

⑵　一日の生活の流れ・時間割として

　楽しい遊びには繰り返し、連続的に存分に取り組める時間設定をする必要があります。「時間割作成の原則」でも触れたように、午前中の1時間は、連続的に遊べるように、月曜日から金曜日まで帯状に遊びの時間を確保します。しかし、実際の展開にあたっては、次のような検討が可能です。

①期間中も時間割を大きく変えない場合

ア、学部の朝の運動やリズム運動、朝の集いなどで、単元の遊び場にある遊びの要素を取り入れた内容で展開する。

イ、昼休みや帰りの会の前にも遊び場を開放し遊べる状況をつくる。

②期間中は時間割を変える場合

ア、通常の日課より遊ぶ時間を多少長くとることで存分に楽しめるようにする。

イ、午前も午後も遊び場で遊ぶことでテーマ一色の生活を過ごす。また、単元前半は午前のみだが、後半には、午前も午後も遊びを行うこともある。

ウ、午前中は遊び、午後は遊び場で使用する用具や装飾などの製作活動を行い、遊び場で遊んだり飾り付けたりすることを楽しみにして取り組む。

エ、学部合同で展開する場合（学部全体の人数がとても多い場合）には、低学年の子どもに配慮して、単元前半はブロックごとに遊ぶ時間を設定し、後半になってから合同にするなどの配慮も。

8 教師の役割・支援 ―プレイング・サポーターとして―

(1) 教師の役割は？

①単元開始前までが勝負！

楽しい遊び場づくり＝事前の「力を使いたくなる」「力を精一杯使うとうまくできる」状況づくりにどこまで力を尽くせるか？ これが全てを決定づけると言えます。その意味では、「遊びの指導」の良し悪しは、単元開始前までの検討と準備で、99％が決まると言っても過言ではありません。

②単元開始と同時にガキ大将に！

「あんな風に遊んだら楽しい！」と子どもがイメージし、子どもの意欲を喚起するようなお手本＝ガキ大将、すなわち、プレイング・サポーター（小出 進）になってください！子どもの思いならば、どう遊ぶのか ―― まずは率先垂範で遊んで下さい！

③共に遊びながら子どもを支援する！

それなりの広さがある遊び場で子どもたちは思い思いの遊具で遊ぶことになります。特別支援学校における学年・学部合同の遊びならば、学級の子どもとだけ遊ぶ状況にはなりません。つまり、安全第一で、全ての子どもの様子を見守りながら、全ての子どもの支援をする雰囲気になります。

つまり、極めて大がかりなチームティーチングを機能させることになります。

ア、目標（願い）と手立ての共有化 ―― それぞれの子どもに期待すること、その支援のための具体的な手立てを事前に、そして、単元期

間中も見直しながら共有化すること。

イ、必要に応じた教師の役割分担 —— 上記の共有化を前提に、○全体
の流れを見て自由に動き回る教師、○ある遊具を中心とした一定の
エリアを担当する教師、○体力・体調面での配慮や肢体不自由もあ
る子どもを担当する教師……等の一定の分担をすることもある。
＊テーマによっては、キャラクター風の役割を演じる分担も。

　次章で触れる作業学習は個に徹した道具・補助具の用意が可能です。遊び
場づくりにおいて、Ａさんだけをイメージした遊具の設置は可能ですが、
基本はどの子どもも遊ぶことが可能な仕様にします。それを踏まえるなら
ば、遊びにおける教師の役割の一つは、最後の最後の部分でＡさん、Ｂさ
んの個々に徹する補助具のような支援も求められると言えるでしょう。

④共に遊びながら遊び場の改善点をさぐる！

　子どもと共に遊ぶと様々な発見があります。思わぬ楽しい遊び方、逆に、
危険な箇所、新たな遊具の着想、遊具の修正や配置を変更する必要性等に気
づくこともあります。

　これらは、子どもの思いで・子ども目線で遊ぶからこそ得られる貴重な情
報になります。

⑵　放課後の情報交換と遊び場の修正

　情報交換を放課後の遊び場で定期的に行います。遊び場の現場でリアルに
行う「評価」が大切です。子どもの遊びの様子を踏まえて、願いの妥当性や
手立ての有効性の検討、遊び場の修正に関する検討を行い、必要な修正作業
に取りかかります。

　このような現場でのミーティングを定期的に積み重ねることにより、子ど
もの様子を共有できるだけでなく、教師相互も共通理解が深まります。つま
り、テーマの実現に向けて、教師の側の一体感も高まります。教師一人一人
が、「楽しい遊び場にしよう！　明日はどんな遊び方をしようか？」と語り
合い、共有することで、本物の遊び場になっていきます。

9　遊び場づくりへのチャレンジ！

　ここまで読み進めていただき、「とてもここまでできない……」と思われた読者もいるのではないかと思います。「徹底検討」と銘打って、子どもが本気になれる遊び場をとことん追究してきましたので、ここまで詳細になりました。繰り返しますが、知的障害のある子どもの遊びと遊び場を徹底検討するとディズニーランド＆フィールドアスレチックのエッセンスが凝縮されることになります。

　しかし、大規模である必要はありません。先ほども触れたように、まずはプレイルームに少し大きめの滑り台を製作してください。そこで遊ぶ子どもの様子は ―― これまでの生活の様子とは ―― 確実に変わるはずです。その手応えを得られたならば、滑り台の前後（左右）に、別な遊具を配置して巡れるようにしてください。おそらく、子どもの様子はさらに高まるはずです。さらに、次ステップでは、体育館のステージと前方3分1程度を一定期間借りて少し大きめな遊び場づくりにチャレンジしてください。ケガがあってはいけません、しかし、チャレンジする子どもの姿を引き出すためには「大胆に・きめ細やかに・安全に」のスローガンが大切です。

　そして、秘めたるエネルギーではディズニーランド＆フィールドアスレチックに決して劣ることのない遊び場を作りましょう！身体と頭をフル稼働させながら遊び込んだ子どもたちは、「自立」に向けた強力なベクトルを蓄えて、いよいよ中学生になるのです。

10　生活単元学習の評価はどうすればいいのか？

⑴　目標（願い）と手立てに即して子どもの姿を語る

　先に、「大がかりなチームティーチング」「放課後の情報交換と遊び場の修正」と書きましたが、まずは目標（願い）どおりの期待した姿が実現していたかどうかを確認します。今の姿に対して目標が高すぎたのか？　目標が妥

当だとしても手立て（遊び場とそこでの細かな手立て）に不足はなかったのか？　丁寧に確認します。不足があるならば、手立てを加えたり、修正（具体的には遊び場の一部の修正も含む）したりする必要があるでしょう。

　あくまでも、「遊びでの子どもの様子の見取り→願い→手立て→その修正→遊び→見取り→……」というサイクルの中で具体的に検討する必要があります。

⑵　教科別に評価する？　観点別に評価する？

①観点別の評価

　「生活単元学習は，児童生徒が生活上の目標を達成したり，課題を解決したりするために」計画・展開されます。ですから、子どもの生活実感として単元目標・課題が達成されたのかを検討することになります。もちろん、その際にも本章の各節で触れたような「遊具」そのものの改善点、「日程計画」等も含めて、単元構成そのものを評価することになります。

　あわせて、「観点別の評価」も強調されています。観点とは学習指導要領によれば「⑴知識及び技能が習得されるようにすること。⑵思考力、判断力、表現力等を育成すること。⑶学びに向かう力、人間性等を涵養すること。」として示されるの三つ柱です。

　たとえば、滑り台の場面で「もっと滑りたくなるさらに魅力的な滑り台を準備して、階段だけでなくロッククライミングやロープ登りのような多様な登り口を設ければ子どもはますますチャレンジして（知識や技能）、登り方やすべり方も工夫して（思考・判断・表現等）、意欲が喚起されることになり、より繰り返し取り組むこと（学びに向かう力等）になっていたのではないか」という多面的な評価ができることになります。「観点別の評価」はむしろ私たちが無意識のうちに実践・検討する際の観点を「見える化」すると受け止める必要があります。

②生活単元学習を教科別に評価する……？

　各教科等を合わせた指導を行う場合にも「各教科等の目標及び内容」に即した評価が求められています。ここでは、二点を確認したいと思います。

一つ目は、決して、本末転倒になってはいけないということです。つまり、「教科等別の評価が必要だから、教科等別に（＝その内容に漏れ落ちがないように）生活単元学習を構成する」という話を耳にします。しかし、この「寄せ集め」の生活単元学習は、明らかに学習指導要領の趣旨に反する発想になります。先に触れたように、生活単元学習は本来「生活上の目標」の実現に向けて「実際的・総合的に学習する」活動です。つまり、教科別ではない「実際的・総合的」な力として単元の目標（願い）が設定されるのです。ですから、それに即して評価されるべきです。教科等別の目標と内容を追究するのであれば、それは各教科等を合わせた指導ではなく教科等別の指導をする方がいいだろうと思います。少なくとも、「評価するために単元を構想する」という本末転倒な発想からは自由であるべきです。

　二つ目は、指導要録等の各評価で「教科等別」「観点別」に記載が求められています。「教科等別」については、すでに従前から教科等別に記載していた特別支援学校も多いと思われます。文部科学省が示す「指導要録（参考様式）」もその構造の基本は同じです。「国語」という窓からも、「算数」という窓からも、「体育」という窓からも、子どもの様子が描き出され、その確実な成長の跡を確認・評価できるはずです。あるいは、先の三つの「観点別」という角度であっても、遊びが育む本物の力に確信をもってよりよい生活単元学習の創造に力を尽くしましょう。子どもの様子に寄り添う姿勢とまなざしで、しっかりと把握してみてください。

③「自立的・主体的な姿」が実現していたのか？

　評価の議論で決して外してはならないことがあります。それは大目標である「自立」が達成されていたかどうかです。つまり、その単元の中で、その子どもなりの「自立的・主体的な姿・生活」が実現していたかどうかです。常に、この地点に立ち返る「評価」にする必要があります。

　豊かな遊びで育まれた本物の「自立的・主体的な力」は、高学年になるにしたがって、少しずつ「何かをつくる」単元等でも発揮される機会が増えるはずです。そして、その力はさらにたくましく「働く」活動において発揮さ

れるようになるのです。次章では、「作業学習」を徹底検討したいと思います。

徹底検討　中学部・高等部「作業学習」の授業づくり

〈検討Ⅰ－作業学習の「生活化」〉

1 中学生・高校生らしさを支える作業学習

⑴ 「自立的・主体的に働く姿」の実現

　中学部・高等部時代の青年期の生徒に願う姿は「自立的・主体的に働く姿」です。学習指導要領はその解説（太字筆者）で、中学部1段階では、「生徒が自ら**主体的**に活動に取り組み…（中略）…日常生活や社会生活の基礎を育てることをねらい」、2段階では「生徒が自ら主体的に活動に取り組み，**将来の職業生活を見据えた力**を身に付けられるようにしていくことをねらい」とするとはっきりと記されています。

　さらに、高等部（平成30年度新特別支援学校高等部学習指導要領等説明会における文部科学省説明資料）でも「生徒自らが**主体的**に学び，卒業後の生活を見据えた**基本的な生活習慣や社会性，職業能力等**を身に付けられるようにしていくことをねらい」、2段階では「生徒自らが**主体的**に学び，卒業後の**実際の生活に必要な生活習慣，社会性及び職業能力等を習得**することをねらいとする」（以上、太字筆者）のです。これらの引用で強く確認したいことは、「主体的に」という文言が各段階で記され、各教科の学びは全て「働く力・働く生活」に集約されるということです。

> 　中学部・高等部では、生徒が「自立的・主体的に働く姿」が強く求められている。

⑵　生活年齢を踏まえる原則

　発達年齢に応じることが大切であるとの理由で、中学生や高校生に対して、「1＋1」の指導や滑り台遊びではあまりにも失礼な話です。中学生らしさ、高校生らしさが発揮される活動は何かと真剣に考える必要があります。

　原点に立ち返りますが、最終目的は「自立と社会参加」です。それは先の解説にもあるとおりです。小学校期に「遊びの指導」で培った「自立」に向けての強力なベクトルを社会に向けて発信する時期が中学・高校時代です。生活年齢を踏まえて、作業学習の中で存分に働く姿を期待したいと思います。なお、本章では中学部の生活の核として作業学習を取り上げますが、働く活動やより社会的な広がりをもつ活動を中心とする生活単元学習の実践も大いに探求してほしいと思います。

⑶　トップダウンの発想も大切！

　高等部卒業後、知的障害のある生徒たちの多くは社会人になります。つまり、働く生活が中心になります。小学校の6年間は幼児期からの生活をさらにボトムアップする発想がより強く、子どもたちが秘めた力を遊びを通して、繰り返し使い、培い、確かにしてきました。しかし、中学・高校の6年間は「社会で働く生活」への移行を視野にトップダウンの発想がより色濃くなります。

⑷　卒業後の「働く生活」への移行という視点

　中学部以降は、「働く生活」への移行を視野に入れての責任ある実践が求められます。すでに触れてきたように、働く力は働くことを通してこそ培われます。当然、働く時間が学校生活の中心に位置付くことになります。時間割の頃で触れたとおり、社会生活に自然に無理なく移行しやすい学校生活を整えることになります。

　働く力に直結した学習活動 —— それは作業学習に他なりません。領域や教科等の内容が働く活動として結果として合わされる総合的な学習が作業学習です。

⑸ 手続き的記憶の象徴　—作業学習—

第Ⅰ章で触れたように、作業的な働く活動の世界は、手続き的記憶に象徴されます。つまり、知的障害の特性を踏まえたときに、子どもたちが最も力を発揮しやすく・般化する力として身に付きやすい学習活動が作業学習と言えます。

本章にて詳述しますが、支援をする教師の側からも、意味的な記憶世界での学習支援に比して、「力を使いたくなる状況」「力を精一杯使うとうまくできる状況」をつくりやすいのは、手続き的記憶の象徴とも言える作業学習です。

⑹ プライドを支える！

力を振り絞って製作した自慢の製品・生産物は、当然、第三者の手に渡ります。例えば、販売会などで、お客さんから「これはすばらしい！」と称賛されるとするならば、それは大きな喜びであり、励みになります。

製品・生産物という目に見え・手に取れる成果は社会的な評価の対象となります。そして、生徒の「役に立つ感覚」「喜ばれる心地良さ」、すなわち、働きがいとプライドを支え、自立への強力なベクトルとなるのです。

⑺ 「働く喜び」「役に立つ喜び」を味わう

「娘は今でも作業製品販売会のチラシを持っている」ことは先に触れたとおりです。日々の作業学習そのものももちろんそうだったのですが、その成果の発表の場である「販売会」は働く喜びを味わうまたとない機会でした。よりよい製品を作り（よりよい仕事をして）、製品が売れて、あわせて誰かに「喜ばれる」こと自体が大きな励ましの機会になっていました。

生徒が力を発揮しやすく、身に付けやすく、教師が支援しやすい、そして結果として、自立的な社会生活に結び付けやすい学習活動 —— それが作業学習です。「作業学習は，作業活動を学習活動の中心にしながら，児童生徒の働く意欲を培い，将来の職業生活や社会自立に必要な事柄を総合的に学習するものである」（解説）と定義されるとおりです。つまり、「働く活動」を中心とする生活の充実を徹底することが、「職業生活や社会自立に必要な事

柄を総合的に学習する」ことになります。

2　本物の作業学習の要件

⑴　作業学習を単元化する発想で！

　作業学習を何の目的もなく、ひたすらこなし続けるというのはどうでしょうか？　生徒の意欲と真剣さを維持するためには、**ある一定期間の作業学習の目的**が必要です。少なくとも、学期に一つか二つの目標は必要です。例えば、「○○駅のコンコースで販売会をしよう！」という目標となるテーマがあり、それに向けて約一ヶ月間の生活を作業学習を中心にまとめたいのです。正に、「甲子園」のような目標です。

　駅のコンコースでの販売会では、たくさんのお客さんが見込まれるはずです。当然、恥ずかしい製品は作れません。誰が見ても納得の製品とそれなりの製品数がなければ、販売会は成立しません。質的にも一目置かれ、量的にも多くの人に広めることのできる製品の質と量が求められるのです。

⑵　真剣に働く！　だから、力が付く！

　20分、30分取り組めば、すぐに終わるような作業学習では意味がありません。汗を流して真剣に働く姿をイメージしてください。毎日毎日、力を繰り返し繰り返し使って働く頼もしい姿です。たくさんの作業量があり、やりがいと手応えを感じる姿です。そして、やり遂げた達成感を味わい、明日もまた頑張るぞ！　と、生徒が本音で思える作業学習にする必要があるのです。

　1時間半～2時間程度の作業時間ならば休憩は必要ないでしょう（＊もちろん、必要な子どもにはその時間の確保を検討します）。むしろ、「販売会に間に合いますか？」と生徒が不安になり、確認しにくるぐらい真剣になる！　必死になる！　―― そのような作業学習でこそ働く力が付くのです。だからこそ、「目標」が大事なのです。

　自慢できる上質の製品をたくさん作る！　―― これこそが生徒の意欲と

真剣さを高めるのです。作業学習を単元化することによって、生徒が力を繰り返し使えるようになるのです。

(3) 作業学習を手段にして力を付ける？

「『ほうれんそう（報告・連絡・相談)』の力を付けるために作業学習をする」「あえて、できにくい状況をつくったり、失敗しやすい状況にしたりして、生徒が考えることを大切にする」……これらの作業学習は「力を付けることが学習だから」という理由で正当化されることがあります。しかし、これで本当に力が付くのでしょうか。

生徒たちは「目標」に向けて目の前の働く活動に真剣になる……仕事に没頭する……その状況があるからこそ、うまくできなければ考え尽くし、必要があれば相談するのです。「ほうれんそう」や失敗のために作業学習を展開するとしたら大変な本末転倒になります。

本章では、生徒の働く力を高める作業学習の実践上のポイントを具体的に、そして「徹底検討」します。

---

column：「ほう・れん・そう」が大切 !?

作業学習における生徒の目標に「〜が終わったら報告できる」「〜が分からないときは、相談できる」のような記述を目にすることが多々ある。つまり、作業学習なのだから、作業学習を通して身に付けるべき力・スキルが大切なのだという主張だ。もちろん、「ほう・れん・そう」を頭ごなしに否定するつもりはない。

しかし、大きな、そして、決して外してはいけないポイントを確認する必要がある。仮に、いい加減な作業学習で、売れても売れなくてもどちらでもよい製品づくりだとするならば、「ほう・れん・そう」の気持ちは絶対に高まらない！「いい製品をたくさん作らなければならない！」という生徒の真剣さがあるからこそ、万が一の失敗のときに、教師に報告・相談するだ。たくさん作りたいと本音で思うから、任された活動が終わってしまうと「先生、

終わりました！　次は〜でいいですか？」と連絡・相談するだ。「ほう・れ
ん・そう」を語る前に、まず、真剣に働く本物の作業学習の実現が求められ
ている。

〈検討Ⅱ－徹底して「単元化」する！〉

1 年間計画・単元のテーマを考える

　先に少し触れましたが、作業学習の計画立案に際しても重要なのは「単元
化」です。**教師も含む仲間全員で一丸となって本気で組めるテーマと生活の
充実**が欠かせません。その時期にふさわしい単元のテーマと具体的な目標数
……等を設定します。それにより作業を活発にして、よりよい製品をたくさ
ん作ります。当然、それらの製品を世に問う！　販売会や納品等の活動が求
められます。

(1) **作業製品展示販売会・専門店への納品**

　その意義は以下のようにまとめることができます。

> ①一番の労い
> 　お客さんや専門店の第三者から「これはすばらしい！」と製品をほめ
> てもらえる！　おそらく、これこそが生徒にとっての一番の労いにな
> る。頑張ってよかった！　もっと頑張ろう！　と思える瞬間となる。
> ②社会の仕組みを体感する
> 　働く・製作する→販売（納品）する→お金を得る→材料を購入すると
> いう社会の仕組みを学ぶことになる。
> ③センター的機能として
> 　地域の中心街で販売会を展開するとなれば、これこそが正真正銘の特
> 別支援学校のセンター的機能の一つとなる。

④特別支援教育推進のために

　特別支援教育や障害者理解の大きなきっかけになる。そのためにも、「こんなにすばらしいものができるのね！」と言ってもらえる「質の確保」にこだわる必要がある。

⑵　販売会の展開

　たくさんの来場者が見込める場所選びが大きなポイントです。行列ができて大忙しになるからこそ、生徒の真剣さが高まります。そして、接客におけるコミュニケーション力や金銭管理や梱包などの力を繰り返し使うことになるのです。学部合同販売会の場合や作業班単独もしくは複数班コラボの場合等のスケールの違いも踏まえて、場所を選定します。現在、郊外型の大規模スーパーを含む多くの企業が特別支援学校への理解を示してくれます。また、逆に理解してもらう意味でも、販売会の場所提供のお願いを積極的に行いたいものです。

○校内の場合 —— 学園祭、PTA バザー（当校のバザーだけでなく、交流校でも）、保護者会、学校公開日等。
○校外の場合 —— 駅のコンコース、ショッピングモールのイベント会場、スーパー、コンビニ、市役所・公民館・郵便局等の公共施設…等。

　「甘え」の許されない校外での販売会を少なくとも１年に１回は用意します。校外での販売会は教師の真剣さも高めます。身内でのやりとりではない、お客様を前にした真剣な教師の立ち居振る舞いが正に生徒ににじんで伝わるのです。

⑶　納品の展開

　作業学習が本格化すると、学期に何回か展開される販売会では売り切れないことがあります。また、農産物を含めて良質の製品であれば、当然、地域

の専門店は積極的にそれらを仕入れて販売しようとします。専門店に納品し委託販売してもらえるということは、市販製品に全く劣らないという証です。そこまで商品価値が高まることは、正に、作業学習冥利に尽きます。

　以下は例として、

○農産物等の場合 —— スーパー、八百屋だけでなく、飲食店を含めて納品先を検討する。
○木工製品等の場合 —— 例えば、植木鉢カバーならば、生花店、園芸店、シクラメン直売所等。

　市役所等を含む公共機関の売店に常設コーナーをお願いする方法も含めて、製品に応じて、様々な納品先が検討可能です。

　生徒の活動として展開する際には、複数の納品先を確保して、生徒の担当制にして交渉、書類作成・管理、実際の納品までをその生徒が担当する方法もあります。

　作業学習は「各教科等を合わせた指導」です。そのよさが鮮明に表れるのが販売会・納品とも言えます。広義の交流及び共同学習やセンター的機能の意義も踏まえれば、積極的に検討・展開される必要があります。

　また、学校のホームページを中心に、本格的な販売活動を展開することも可能です。これは全国に販路を広げる＝社会的な発信をする大きなチャンスになります。

⑷　テーマ設定の例

①規模の大きい単元（学校祭・地域合同単元、作業班合同単元など）に関するテーマ。
②販売会（学校祭、駅や地元のスーパー、郊外型モール等）を行うテーマ。
③自慢の製品を専門店等の店舗に納品し、委託販売するテーマ。

④作付けなどその作業班の時期ごとに必要な仕事を中心にしたテーマ。

⑤作業種によっては、注文販売期間を設定するようなテーマ。

※3〜4週間の単元サイクルを繰り返すことができるようにする。また、販売会と納品など、上記の内容が複数含まれる単元もある。

　時代の流れとともに、清掃や喫茶など作業種も多様化しています。その場合でも、「〇〇公民館の清掃」「クリスマス・スイーツ・フェア」……等の仕事内容や季節に応じたテーマ設定を検討します。社会一般のどの業界でも、同様のスローガンを掲げ、社員の士気を高めています。全く同じ発想で、作業学習の充実と発展を願います。

2　単元目標（願い）の検討

⑴　「力を付ける？」作業学習

　作業学習の目標として、一般的には「〜を通して〜の力を付ける・力を育てる」という教師の文脈での目標設定が多く見られます。しかし、すでに繰り返し触れてきたように、本書では、一生懸命に取り組む活動があり、そこで力を使うから・力が付くと考えます。

　さらに、販売会等を大きな目標にして「販売会を成功させよう！」と生徒と共に働くわけですから、販売会の成功を単元目標にする必要があります。つまり、その単元で生徒たちに目標として期待したいことを生徒の具体的な活動の形（たくさん製作して、販売会を成功させる等）で述べる必要があります。

単元：「クリスマス・ウッディー・フェア in 植草駅コンコース！」

目標：〇一人一人が分担の仕事に精一杯取り組み、シクラメン鉢カバーをたくさん作ってほしい。

　　　〇みんなで力を合わせてたくさん販売し、満足感を分かち合って

ほしい。

⑵ 本気で働く姿を願って　―単元期間中の生徒の目標（願い）の検討―

　遊びで検討した姿と大いに重なる部分があります。つまり、「自立的・主体的な姿」です。それは、就学前から、学校生活、卒業後の生活を（断絶させるのではなく）一貫して連続するベクトルです。

　上記と同様の理由で、生徒一人一人への単元での願いについても、期待できるよい働きぶりの形で設定します。生徒たちは結果として、様々な力を身に付けます。しかし、それは結果としてであって、「何らかの力やスキルを獲得する」ために作業学習をするのではありません。本気で働く姿を期待するのです。

①生徒の目標（願い）とは、次のようなイメージやキーワードで表現される。
　○自分から取り組む姿　○教師の支援は少なく、自分の力で取り組む姿　○繰り返し最後まで取り組む姿　○手早く、手際よく、次々と、ペースよく取り組む姿　○たくさんの量をこなす姿　○存分に取り組む姿　○上手に、できばえよく、安全に取り組む姿　○仲間と共に取り組む姿　○期待感や自信をもって取り組む姿……など

②配慮したいこと
　○その生徒のよい部分を一層発揮できるように、という発想で。その生徒らしい個性・持ち味が発揮される主体的な姿を願う。
　○苦手・不得意なことに関しては、目立たないようにしっかりと支える。
　○年間のこの時期だから、この姿を願う、あるいは、単元のこの時期なので、この姿を願いたい……という取り組みの時期を踏まえた発想も。

3 単元活動の設定

　作業学習ですから、中心となる活動は当然、働く活動です。働く活動そのものに十分な時間と期間をかけ、精一杯取り組めることが大前提です。その上で、単元に関連しての活動や生徒主体の発想で様々な活動を展開できるようにします。販売会を例にして考えます。

(1) 単元活動設定の原則

①作業・製作活動を中心に（これについては、後に詳述する）
②販売会などへの生徒自身の組織づくり（実行委員会など）とその運営の支援
③作業活動以外にも現実度が高く、単元に関連する諸活動を

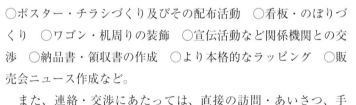

　　○ポスター・チラシづくり及びその配布活動　○看板・のぼりづくり　○ワゴン・机周りの装飾　○宣伝活動など関係機関との交渉　○納品書・領収書の作成　○より本格的なラッピング　○販売会ニュース作成など。
　　また、連絡・交渉にあたっては、直接の訪問・あいさつ、手紙、電話、FAX、あるいは電子メールなど先方の要望、生徒に応じて活用する。

④当日の販売会でも様々な活動の用意 ── ○金銭事務や応対　○実演コーナー　○体験コーナー　○呼び込み・チラシ配布等
⑤店構え・ディスプレイにも工夫をこらし、本格的な販売会場になるように

(2) 各教科等の内容も結果として含まれる！

　関連する活動にも徹底してこだわることで、作業学習を中心とした生活が

本物になります、真剣になります。駅のコンコースでの販売会のために、駅長さんと交渉するとなれば、本気にならざるを得ません。言葉を換えれば、**本気で取り組まなければ成功しない活動を組織する**ことに尽きるのです。繰り返しますが、本気になれるからこそ、生徒たちが力を使い、その力を高めるのです。

　そして、(1)の囲み部分を確認すると一目瞭然ですが、各教科等の内容が、結果として、含まれていることが分かります。「各教科等を合わせた指導」の真骨頂とも言えます。

　これは、本格的な作業学習だからこそ可能になるのです。「**たくさん売りたい！」という気持ちが高まれば、教科別に近い形で展開される学習への真剣さも格段に高まる**のです。

④ 4　単元の日程計画

　例えば、販売会をテーマにするならば、その作業学習のテーマがその時期の学校生活のテーマとなり、徐々に盛り上がって進行するように日程を検討します。次のようなポイントがあります。

①単元期間中の日程計画の流れ

ア、単元開始前 ── 販売会実行委員会などの生徒の活動開始を支援

イ、単元初日 ── 販売会の場所、日にち、製品やその目標数、期間中の活動の進め方などを確認。テーマに応じて作業班ごと、学部ミニ集会などで確認

ウ、単元の節目・終盤 ── 学部ミニ集会での各作業班の様子の確認、得意先への納品、校内販売会、販売会の会場での「プレ販売会」やチラシ配布などの宣伝活動、作業合宿など

エ、単元の締めくくり ── 販売会の成功そのものが締めくくり。販売会終了直後に打ち上げ会をしたり、後日、販売報告会などを兼ねて

打ち上げをしたりすることも

②単元期間中の一日の生活の流れ（時間割）── 生徒主体に、そして、テーマ性の高い一日の流れに

ア、十分な作業時間を確保する（午前1時間半〜2時間）

イ、月曜日から金曜日まで毎日繰り返し取り組めるように（毎日同じ時間帯に作業学習が位置付く帯状時間割に）→毎日、働く時間がある生活にする

ウ、販売会や納期が近づいたら、午後にも製品作りや販売会準備を行う等、テーマの実現に向けた気持ちが高まるように時間割の変更も柔軟に対応する。必要があれば、作業時間を早めたり、残業を計画する

エ、準備活動等の計画 ── 朝の学級の時間、午後の時間には、販売会の準備活動などのテーマに関連した活動を。作業班ごとに昼食を食べたり、昼休みに販売会実行委員会を行ったりする等

5　製品・生産物の質と量

(1) 製品への徹底したこだわりを！

　本格的なよい製品、立派な品物をたくさん作り、たくさん販売できるかどうかは作業学習の大きなポイントです。また、製品・生産物は、生徒の社会的評価の対象です。**「立派な製品ですね！」と一般のお客さんに認められる！── これは作業学習に取り組む生徒への一番の労いだと思います。**

　仮にも、「特別支援学校の製品だから仕方ない……」と思われる製品であっては絶対にいけません！「製品の質は生徒の人権」に関わると考える必要があります。

⑵ 製品・生産物を検討する観点

①できばえのよさ —— 市販の製品に負けない。お中元・お歳暮・引き
　出物になる水準

②利用価値の高さ ——「ほしい」「使ってみたい」と言われるほどの品
　を

③少種大量生産 —— 一定の担当工程で繰り返し、たくさんつくれる製
　品を

④包装等の工夫 —— 包装紙、化粧箱、ラベル、しおり等の工夫を含む
　本格志向を

⑤新しさの追求 —— 常に、新しい物・製品開発の志を。新型・新種・
　新仕様を試みる。新開発の意欲が、販売高増加とよい作業を促す

column ：製品ではなく、働く過程にこだわるべきだ⁉

　「学校で行う作業学習なのだから、製品の質や量ではなく、働く過程が大切
なのだ！」との議論がある。そのとおりだ！　だからこそ、製品の質と量に
こだわる。いい製品を作ろうとするから、細心の注意を払い、働く過程が真
剣になる。たくさん作ろうとするから、汗を流して働く過程が本気になり、
高まるのだ。いい加減でいい……、適当に手を休めても完成する……その程
度の製品づくりの作業学習でどうして働く過程の質が高まるのか？　製品を
手にして喜ぶお客さんの姿があるから、真剣になるのだ。質の高い製品をた
くさん作る働く過程で、本気になって力を振り絞るから、結果として、力が
付くのだ。製品へのこだわりこそが作業学習と働く過程を本物にする！

6　一こまの授業の流れ

　実際の作業が始まる前に、作業着への着替え等の準備→挨拶→担当工程の確認→目標の確認……そして、作業終了後には片付け→着替え→日誌の記入→反省会……これら事前事後の活動だけで合わせて30分近く使ってしまう授業を時々見受けます。

　民間企業でこれほど時間を使ってしまったら、仕事に支障がでます。作業室に入ったら、準備をして、持ち場について、仕事を始める……これが普通に働く姿ではないでしょうか？

(1)　始めの会・打ち合わせをどう考えるか？

①その意義の再検討

　単元初日、週の始め、単元の節目（翌日に販売会を控えているなど）、単元最終日などには、冒頭の打ち合わせや反省会が必要かもしれません。例えば、初日には、○単元のテーマ、○目標数、○作業分担だけでなく販売会に向けた係分担、○生産高表・納品先一覧表……を確認する等です。

　子どもによっては、ただ待ち時間になってしまう……というケースも見受けます。これらは、必要最低限の確認と考えてください。

②その在り方

　日常の作業学習では、農耕作業などでやむなく活動内容が変わることはあるかもしれませんが、毎日、担当工程が変わるということはありません。作業学習で期待したい生徒の姿は作業室に入ったら、自分から進んで作業準備をし、自分から作業を開始する姿です。その姿を支えることを基本に考えるならば、毎日行う始めの会については再検討が必要だと思われます。

(2)　反省会について

　片付け・清掃等は必須の要件になるでしょう。作業日誌の記入は保護者との連絡帳の役割を兼ねる場合もありますからケースバイケースではないかと思います。しかし、反省会はどうでしょうか？　一人ずつ感想を述べたり、教師が生徒をほめたり、友達同士ほめたり……。それよりは、むしろ、「今

日は〜は大変だった」「○○さんのおかげで〜がはかどったよ」などと、片付けや清掃の中で自然にさりげなく話題にする方が思春期・青年期の生徒への労いとして適切ではないでしょうか？

　目標の達成度の確認も同様で、生徒によって必要な場合は個別に丁寧にやるべきですし、班長さんは最後に残って全体の状況を確認するような仕事があってもよいでしょう。少なくとも、全員で 10 分、15 分もかけてやるべき活動ではありません。

〈検討Ⅲ－徹底して「個別化」する！〉

　検討Ⅰ「生活化」、Ⅱ「単元化」という観点から、作業学習全体をどう整えるのかを徹底検討してみました。生徒自らが本気で力を使いたくなる状況づくりの徹底です。しかし、「さあ！　やるぞ！」と本気で取り組んでみたものの、うまくできない……常に教師が手出し・口出しするような状況だとしたらどうでしょう。モチベーションは極端に低下します。

　作業学習の大きな要点の一つは徹底した「個別化」です。力を使うとうまく成し遂げることのできる状況づくりが欠かせません。ここでは、その観点や具体について、徹底検討してみます。

1　作業種・作業班所属の検討

　地域環境、学校規模などにより様々な制約があるかと思いますが、生徒たちが本気で働くことができる作業種を検討します。「個別化」を徹底する第一の要件が作業班所属の選択です。生徒本人の持ち味やよさ・できることが存分に発揮できないとしたら、モチベーションが上がるはずがありません。

①作業種 —— ○生徒数・教師数、○作業室・畑等の広さ（ただし、畑の場合は学校近隣の農地を借用することも含めます）、○施設・設

備、○地場産業などの地域性、○安全性、○材料の入手を含む永続性と作業量の確保、○製品販路の確保、○現実度の高さ、○製品・生産物の有用性の高さ、○どの生徒も担当できる活動を用意できるか……等、地域条件等も加味して決める。

②作業班への生徒の所属 —— ○人数等、学校・学級の諸条件を踏まえて（基本は学部縦割りなど）、○障害の程度にかかわりなく所属できるように、○本人の力・個性が十分に発揮されるように、○本人・保護者の希望と納得、○室内班か室外班か……等。

卒業後の仕事が毎日変わるということは考えられません。1年間は同じ作業班に所属することを原則に、卒業後の生活への自然な移行を考えましょう。

4月は体験・練習で、5月の連休明けからようやく作業学習が始まる……ではなく、「作業の時間はしっかり働く」という本格的で、真剣な雰囲気を4月当初から整える必要があります。

2　製品・生産物の作り方

製品・生産物を決めるとともに、それを作業で作るための工程、手順、展開の仕方を検討します。これは徹底した「個別化」のための重要な要件になります。生徒にあった作業工程を考える際の決め手です。

①その製品・生産物を本格的に作り上げる場合の手順と工程の内容をできるだけ細分化して明らかにする。

②それらをどの生徒が、どのようにすれば担当できるか検討する。

③通常の手順では難しい場合は、

ア、作り方そのものを変えられるか、

イ、道具・補助具の工夫で対応できるか、

ウ、教師の支援により取り組めるか、具体的に検討する。

　　検討の原則はあくまでもアとイである。ウのように、教師に手を添えられての活動では、子どもは十分な手応えを得られない。

④教師が担当する工程がある場合、工程の細分化や補助具の工夫で生徒の活動にできないか検討する。

⑤活動の取り組み方や展開を検討する。例えば、農耕作業の場合、全員で耕してから種をまくのか、あるいは、耕す生徒と種をまく生徒をグルーピングして並行して進めるのか展開方法を検討する。

⑥運搬の場合では、運搬ルートや距離、運搬具、運搬量（重さ）に配慮してよりよい手順にする。

⑦作物では、植え付け、収穫（加工）時期に留意し、一定の活動を一定期間継続できるようにする。

3　生徒の担当工程と内容

　「個別化」には欠かせない大切な要件です。生徒一人一人が、一定の担当工程・内容を分担し、日常的・継続的に精一杯取り組めているかがポイントです。生徒が力を発揮し、誇りのもてる工程・内容である必要があります。つまり、**「休まれてしまうと困る！　今日も作業学習を頑張ってくれて助かったよ！」と仲間で本音で言い合える担当工程にする**必要があります。

①年度当初の決定では

　ア、生徒の気持ちと希望、納得を大切にする。

　イ、できること、できそうなこと、得意なことが十分に発揮できるようにする。

　ウ、生徒の個性や持ち味が発揮でき、繰り返し取り組めるようにする。

②日常的な見直しの中で

　生徒がすすんで取り組まない、あるいは、さらに期待したい場合、作業がうまく流れない場合など、担当工程と内容の見直しが必要になることもある。

　　ア、内容・手順が複雑すぎず、簡単すぎない ——「〜の次は、〜。〜の次は〜で、〜をする……」と一つの工程の中にもいくつかの動作・操作・手順が含まれる場合がある。多すぎる手順は生徒が混乱する要因となる。一つの工程に含まれる細かな動作・操作・手順も含めて分析し、必要に応じて、生徒に最適な工程を検討する。

　　イ、その生徒の活動で全体がよりよく流れる。

　　ウ、生徒によっては、一日に2工程取り組んだり、単元期間中に、複数工程を担当したりする。

4　道具・補助具の工夫・改善

⑴　作業学習の醍醐味！

　作業学習を考える上で、おそらく、最も重要なポイントになります。つまり、「なぜ？　何のために」という明確なテーマ設定により「単元化」し、**生活の共有化と集団化を図りつつ、一方で、一人一人にオーダーメイドの「個別化」を徹底して働きやすくします。**これは、教師の腕の見せ所であり、作業学習の醍醐味を最も味わえる部分でもあります。生徒の得意・できることを最大限発揮し、できにくい部分を強力に支援するツール —— それが道具・補助具です。**道具・補助具の工夫が作業学習における生徒の取り組みを決定づける**と言っても過言ではありません。

⑵　道具にこだわる！

　例えば、木を切る活動を考えてみましょう？　のこぎりを使いますか？

「この線に沿って切りなさい！」と言われて正確に真っ直ぐに切れますか？おそらく、読者でも難しいでしょう。真っ直ぐに切れていない木で本格的な製品をたくさん作ることは不可能に近いのです。仮に、のこぎりを使用する場合には、真っ直ぐに切るための何らかの補助具を用意する必要があります。

　ここでは、のこぎりを使うことを前提に考えましたが、のこぎりという道具そのものを代えることを検討してみてはどうでしょうか？　ジグソーという電動工具をご存じですか？　手動電動丸のこぎりや固定式のスライド丸のこぎりならばどうでしょうか？　生徒の仕事ぶりは全く変わります。

　時間があるときに、ホームセンターに出かけて、「本物」「本格化」を志向すればどうなるだろうと思い巡らせてみてください。

(3)　電動工具の利点

　電動工具を使用する場合はまず安全第一です。それを前提に考えるならば、電動工具には大きな利点があります。

○適切な補助具さえ用意できれば正確に切ることができます。

○切れる結果が短時間で明確にでるため、比較的困難性が高い生徒であっても取り組みやすくなります。

○本格的な道具であるため、作業学習そのものへの自信・誇り・自覚を高めます。

　作業学習をいかに本物にするか？　**道具が本物になると作業学習が本物になる**のです。再確認しますが、作業学習が本物になることは、生徒の働きぶりを真剣にすることにつながります。

(4)　「個別化」最大・最強のツール　― 補助具にこだわる！―

　教師が手出し・口出ししなくても、生徒が独りでできる状況に徹底してこだわる必要があります。その生徒が全力を出し切れば、必ず、独りでもできる補助具です。

　右手指だけがかすかに動く肢体不自由の子どものための電動車いすをイメージしてください。アセスメントは正にここで問われると考えてくださ

い。(5)で触れるような、その**生徒の力と環境・支援面での配慮のマッチング＝その最強のツールが補助具**なのです。生徒が独りでできるためのオーダーメイドの最も強力な支援が補助具です。それは正に、「合理的配慮」の象徴です。

⑸　その生徒にオンリーワンの道具・補助具の検討を！

　安全面に最大限の留意を払うことを前提に次のような観点を大切にします。

①「より速く」「より多く」「より正確にできばえよく」取り組めように電動工具・機械の使用を検討する。

②運搬の場合には、一輪車、二輪車、四輪車、リヤカーなど力に応じた運搬具を検討する。

③働く場にあって不自然でない大きさ、色、形状にも配慮し、本格志向で検討する。

　ア、本人の感想を大切に、その工程・道具での生徒の様子をよく把握する。教師もやってみて、その工程・道具で要求される動作を細かく分析し、どの部分が難しいか考える。

　イ、生徒の　○身長、○力、○利き手、○素材の手触り、振動、音の好み等も考える。

　ウ、生徒の得意な動作（＝大きな動作―細かな動作、押す－引く、上げる－下げる、あるいは、左右の動き）を考える。

　エ、生徒を中心に、補助具・材料箱の位置関係、高さ、使いやすい角度、向きなどに配慮する。

　作業学習における道具・補助具の工夫は、生徒一人一人に応じて「力を使いたくなる状況」と「力を精一杯使うとうまく成し遂げることができる状

況」をつくる上で最大のポイントと言えます。

column：娘にとっての甲子園！

娘は高等部在学中に木工班に 1 年間所属していた。卒業してすでに 12 年にもなるが、ホームセンターに買い物に行くと、いの一番に足を運ぶ売り場は電動工具売り場なのだ……。10 万円程度のガッシリとしたスライド式丸鋸盤を触って動かしている。

「この機械を使って、一生懸命働いた！」── おそらく、高校時代の強烈な思い出として、今でも胸の奥に刻まれているのだろう。それは高校球児が甲子園を目指して汗まみれになって打ち込んだ思い出にも匹敵する重さがあると、父である筆者は思っている。

「もう一度やってみたい！」── 卒業した後でも、本音でそう思える、心に残る本物の作業学習を実現したいものだ。

5　作業量の確保

多くの作業量が一定して確保されることで、真剣さ、勢いがある本格的な作業となります。「いい加減な取り組みではお客さんに買ってもらえない！」という製品の質的側面での真剣さ同様に、少し多めの作業量が確保されることで、「いい加減では間に合わない！」という真剣さを求めます。

当然、やり遂げた後の満足感も高まり、作業班としての一体感も高まります。

そして、何より、作業量の確保により、力を繰り返し使える状況をつくることにもなります。その意味では、作業学習を「個別化」する大きなポイントと言えます。

①単元期間いっぱい、作業時間いっぱい、生徒も教師も存分に働ける作

業量・畑の確保などを。

②十分な作業量を用意することを第一に、○生徒に応じて、○年間の時期に応じて、○単元の進行段階に応じて調整します。たとえば、

ア、小分けして用意し（作付け作業等の場合は範囲をロープで囲ったり、苗を小分けして用意する等）、短い間隔で一区切りの仕事をやり遂げるようにして、それを繰り返すことで勢いある作業にする。

イ、逆に、目の前に一単位時間分よりたくさんの材料などを用意しておき、生徒の意欲をかき立てるようにする。

なお、アとイについては、生徒の性格や日々の取り組みに応じて検討する。

ウ、販売会などの直前には、生徒も教師も力を合わせて一気にやり遂げていく作業量をあえて用意し、当日に向けて勢いを高めていく。

6 場の設定・作業環境

生徒一人一人の動線まわり、全員の工程配置、作業室の安全・衛生環境全般（床、壁、棚、照明、水場や電源、掲示や装飾など）を検討します。

①作業室（場）全体では

ア、作業室（場）の広さ－明るさ、配線（電動工具を使用する場合は特に留意が必要）、換気、騒音等の配慮、材料の移動なども含め働きやすい広さに、外作業の場合も安全・衛生面に配慮して。

イ、作業室や場の配置

○製作工程の流れとの関係、○向き合い、見渡せる、○一人一人の働きぶりのよさが作業室（場）全体の中で発揮される、○道

具、材料等は決められた場所に保管する、○畑のうね幅、運搬路の配慮……等。

ウ、作業種にふさわしい身支度 ―― ユニフォーム等の用意で、安全・衛生面での配慮をし、一方で、作業班が一体化し、作業への雰囲気が高まるように。

エ、作業室の環境 ―― 全体として、生徒の働きぶりがさらに輝き、その作業種にふさわしい環境になるように。

○日程計画表、製品・生産物の目標数の表、納品先一覧表などの掲示物、○出来高や目標を確認しあえる完成品棚、○最もよいできばえの製品を飾る展示棚やコーナー等。

②生徒一人一人に

生徒を中心に○作業台・椅子などの高さ・広さ・安定性を調整し、○道具・材料等の高さ・角度、○相互の位置関係、動線などを最も扱いやすく安全にする。

保護者も含めて、校外から参観者が来校したときに、自慢できる作業室にする必要があります。**自信の製品の見栄えよい展示や安全で清潔感ある室内環境は、生徒の人権にもかかわる**と考えて、整然と整えていく必要があります。

7 教師から直接の支援 ―プレイングサポーターとして―

遊びの指導と同様、作業学習の場合も授業前の準備＝道具や補助具等の状況づくりが授業の良し悪しを決定づけます。授業中に教師が生徒に手を添え、声をかけ続ける状況では、いい作業学習とはいえません。できる限り独りで「自立的・主体的に働く姿」を実現したいものです。

では、教師が子どもに手を添えたり、声をかけたりすることを最小限にするとなれば、授業中は腕を組んで現場監督なのでしょうか……「ほう・れ

ん・そう」を待つ役割なのでしょうか⁉　そうではありません。授業中の教師は、「遊びの指導」と同様に一貫して、正に、プレイング・サポーターなのです。

①生徒と共に、生徒以上に教師は率先して働き、テーマの実現を目指すよきお手本になる。
②共に働きながら、生徒の様子に気を配り、生徒の気持ちをくんだ手助け、言葉かけ等、共感的・具体的支援を行う。さらに、材料・道具・補助具の扱いやすさを把握し、よりよい働きぶりを目指す観点からも、放課後に補助具等の修正をするための情報を得る。
③各工程・活動の流れが滞っていないかどうか、材料の補充、電動工具の音、臭い、粉塵などに適時適切な対応をする。
　＊放課後は補助具などの修正をしたり、不足する材料の補充をしたりできるように、その授業時間の作業の流れを十分に把握する。

　ともに働くからこそ、作業における生徒たちのしんどい部分、取り組みやすい部分に気づけるのです。共に働きながら生徒に寄り添う姿勢とまなざしを欠かすことがないからこそ、的確な評価も可能になるのです。なお、「評価」については、生活単元学習で触れたとおりです。
　よきプレイングサポーターとして、テーマの実現に向けて共に働く教師を目指してください。

8　本気で本物の作業学習のために！

　読者の中には、ここまで読んだものの「とてもできない……」と思われた方もいるかもしれません。本章のタイトルどおり「徹底検討」し、理想の作業学習の姿をとことん追究してみました。筆者の実践経験の中で、本章で描いたとおりの作業学習が実現していたかと自問すれば、それは「未完成」

だったと言わざるを得ません。否、完成はありません。生徒の様子に応じて進化してこその作業学習です。「観点別の評価」が言われますが、本章で挙げたポイントの数々は「よりよい作業学習を創造するための『観点』」と言えます。「観点」があることによって、多面的・多角的に発想し・評価に基づき改善できます。

　理想の作業学習を実現するために、まずは、できるところから徹底してみてください。教師が本気にならなければ、本物の作業学習は実現できません。しかし、本気になれば、必ず、本物に近づきます。生徒の働きぶりも本気になり、たくましい「自立的・主体的な姿」が実現するはずです。

column：親は一生　教師は一時　教師の一時は子どもの一時

　どれほどすばらしい教師でも親に代わることはできない。親は一生、子どもと何らかのかかわりをもちながら過ごすことになる。まして、障害がある場合はなおさらである。仮に、読者がどれほど支援を要する子どもを担任していたとしても、わずか一年が区切りの仕事である。だが、親は一生である。

　筆者の娘は養護学校（特別支援学校）を卒業して12年にもなるが、未だに卒業アルバムを見る。週に一度は見ているだろう。「もう一度、学校に戻っていいよ」と言えば、喜んで戻るような気がする。それほど学校・先生を大好きなのだ。

　「母校」という言葉を聞かなくなって久しいが、筆者は娘の姿を通してようやくその意味を知った。母親のお腹がたとえどれほど居心地がよかったとしても、二度と戻ることはできない。だから、「母校」というのだ……と。学校だけは二度と戻ることのできない場所であり、時間なのだ。

　その意味で、教師の一時の責任は極めて重い……子ども（あるいは親）がどれほど望んでも二度と戻れない「一時」を支える仕事なのだから……。だが、卒業して12年になるにもかかわらず、「今からでも、あの先生や友達と学校生活を共にしたい・戻りたい！」と思う事実を創り出すことができるの

も教師の仕事であるとすれば、それは他に替えがたく、大変やりがいのある、何と尊い仕事なのだと思う。

　子どもが二度と戻ることのできない「一時」がめいっぱい充実するように支援を尽くしたいと思う。

おわりに

　学校教育に対する今日的な要請は「実社会・実生活で汎用性のある『生きる力』」の育成です。「何かを知っている」ではなく、身に付けた知識・技能を使って実社会・実生活の中で「何ができるのか」という「『内容知』から『方法知』への転換」です。言葉を代えれば、知識・教養モデルから実用・活用モデルの学校教育へと舵が切られたのです。

　そのため、2017年告示の学習指導要領では、「社会」や「生活」との連続性や協働性を重視する「社会に開かれた教育課程」の基で、「教科等横断的」な思考力・行動力を重視する教育が提唱されました。そして、そのプロセスをより「主体的・対話的で深い学び」にすることで、「実社会・実生活」で活用できる確かな力や社会を生き抜く力の育成を目指す —— これが今回の教育改革のコンセプトです。

　しかし、そもそも学校教育の目標とは何でしょうか？　学校教育法第21条には、義務教育の目標が示されています。「……生活に必要な衣、食、住、情報、産業その他の事項について……」「……生活に必要な国語を正しく理解し……」「生活に必要な数量的な関係を正しく理解し……」「生活にかかわる自然現象について……」等とあるように、目標を示す文章の筆頭や文中には「生活に必要な」「生活にかかわる」という文言が付されているのです。学校教育は「生活」のためにあることが分かります。

　つまり、これまでの学校教育はその目標である「生活」からあまりにも乖離していたのではないかという率直な反省と問い直しがあったのです。それは、「学校教育の原点」への回帰ともいえるのです。

　一方、知的障害教育は「自立」を目標に、「実社会・実生活」そのものを大切にする実際的・具体的な活動 —— いわゆる「座学」ではなく「実学」重視の姿勢 —— を一貫して堅持し、発展させてきました。本書でも触れたように、実際の買物とお客さんを招待するための調理、地域と協働しての作

業製品の製作・販売・納品、さらには産業現場等の実習、あるいは地域とともに創る学校祭等の「生活」や「地域」に根ざした幅広い教育活動を展開してきました。それらは正に、「社会に開かれた教育課程」の理念に基づく、通常の教育における「教科等横断的視点に立った」先進的・具体的実践モデルです。知的障害教育は新しい時代の教育理念と方法をすでに先取りしていたともいえるのです。

　その意味では、「各教科等を合わせた指導」の充実と発展による子ども主体の学校生活・授業づくりは、今回の教育改革を先導する大きな意義を有するものといえます。知的障害教育の現在の立ち位置とその方向性に確信をもちたいと思うのです。

　本書は中坪晃一先生（前植草学園短期大学学長）、太田俊己先生（元千葉大学・植草学園大学教授．現在、関東学院大学教授）との出会いがなければ生まれませんでした。そして、小出進先生（千葉大学名誉教授．元植草学園大学学長）の実践思想からは、本当に多くのことを学びました。本書の多くのキーワードは、―― 筆者なりの解釈が多々あるのですが ―― 小出進先生の思想に依拠しています。また、筆者が養護学校・小学校勤務時代を共に過ごした先生方との実践や議論は今でも身体と頭にしみ込んでいます。先生方にはこの場をかりて、心から感謝申し上げます。

　最後になりましたが、本書の原稿整理から校正、そして発刊まで丁寧に作業を進めて頂きました東洋館出版社の五十嵐康生様には心からの感謝を申し上げます。

2020 年 2 月
佐藤愼二

【著者紹介】

佐藤 愼二 (さとう・しんじ)

　植草学園短期大学 福祉学科 児童障害福祉専攻 主任教授。

　明治学院大学社会学部卒業、千葉大学教育学研究科修了。千葉県内の知的障害特別支援学校及び小学校情緒障害通級指導教室での23年間の勤務を経て現職。放送大学客員教授、全日本特別支援教育研究連盟常任理事、日本生活中心教育研究会会長、2019年度千葉県総合支援協議会療育支援専門部会座長ほか。特別支援教育士スーパーバイザー。

　主な著作:『入門 自閉症・情緒障害特別支援学級-今日からできる!自立活動の授業づくり-』(東洋館出版社、2019)、『逆転の発想で魔法のほめ方・叱り方-実践 通常学級ユニバーサルデザインⅢ-』(東洋館出版社、2017)、『実践 通常学級ユニバーサルデザインⅠ-学級づくりのポイントと問題行動への対応-』(東洋館出版社、2014)、『実践 通常学級ユニバーサルデザインⅡ-授業づくりのポイントと保護者との連携-』(東洋館出版社、2015)、『知的障害教育総論』(編著、NHK出版、2020)、『学びにくい子へのちょこっとサポート 授業で行う合理的配慮のアイデア』(編著、明治図書、2019)、『実践 知的障害特別支援学校-子ども主体の授業づくりのために-』(責任編集、ケーアンドエイチ、2018年)、『「気になる」子ども 保護者にどう伝える?』(ジアース教育新社、2017)、『今日からできる!通常学級ユニバーサルデザイン-授業づくりのポイントと実践的展開-』(ジアース教育新社、2015)、『特別支援学校 特別支援学級 担任ガイドブック-知的障害教育100の実践ポイント-』(東洋館出版社、2013)、『実践 生活単元学習-授業づくりのポイントとその展開-』(責任編集、ケーアンドエイチ、2017年)、『すぐ役に立つ特別支援学級ハンドブック』(編集、ケーアンドエイチ、2011年)、ほか。

知的障害特別支援学校
子ども主体の授業づくりガイドブック

2020(令和2)年2月22日　初版第1刷発行

著　　　者：佐藤　愼二
発 行 者：錦織圭之介
発 行 所：株式会社　東洋館出版社
　　　　　〒113-0021　東京都文京区本駒込5丁目16番7号
　　　　　営業部　電話03-3823-9206　FAX 03-3823-9208
　　　　　編集部　電話03-3823-9207　FAX 03-3823-9209
　　　　　振　替　00180-7-96823
　　　　　Ｕ Ｒ Ｌ　http://www.toyokan.co.jp
印刷・製本：藤原印刷株式会社
装幀・本文デザイン：藤原印刷株式会社

ISBN978-4-491-04069-1　　　　　　　　Printed in Japan